ETHEREUM EN ESPAÑOL

LA GUÍA DEFINITIVA PARA INTRODUCIRTE AL MUNDO DEL ETHEREUM, LAS CRIPTOMONEDAS, SMART CONTRACTS Y DOMINARLO POR COMPLETO

SEBASTIAN ANDRES

WB PUBLISHING

ÍNDICE

COMO APROVECHAR AL MÁXIMO
ESTE LIBRO

Primero antes que nada me gustaría darte las gracias por la confianza y por haberme elegido como tu guía para emprender este viaje hacia el mundo de las Criptomonedas. Este libro te ayudara a que entiendas y domines este mundo con el objetivo de obtener una educación financiera excelente a través de la comprensión y el entendimiento a fondo de las Criptomonedas. En este libro iremos de lo más básico a lo más avanzado.

Entendemos que incursionarse hacia el mundo de las Criptomonedas puede ser tedioso y muy lento ya que es mucha la información que debemos comprender y asimilar, generalmente los pioneros en este tipo de tecnologías son las personas que no tienen ningún problema para generar ingresos pasivos por internet ya que tienen algunos conocimientos básicos de este mundillo que los puede ayudar bastante. El objetivo de este libro es que tú también puedas acortar este camino y tener los conocimientos a tiempo para poder aprovecharlos, como bien sabes el mundo de las criptomonedas se mueve muy rápidamente y no puedes perder tiempo.

Esta tecnología llego para quedarse y para darnos a nosotros, las personas comunes y corrientes, mas libertad en el ámbito económico y financiero.

En mi caso personal, una de las cosas que más me ha llamado la atención cuando comencé a interesarme por las Criptomonedas ,allá por el 2011, fue el concepto de libertad al que está relacionado con monedas como Bitcoin, Monero, Dash, Zcash, etc. donde el control de todo el proceso siempre va de la mano del usuario por la privacidad que brindan. No te preocupes, estos conceptos los entenderás mas adelante durante el desarrollo del libro.

En este libro te enseñare los diferentes abordajes hacia las Criptomonedas y la tecnología detrás: comenzando por el concepto actual del dinero hasta el Blockchain, el porque funciona, cuál es el secreto detrás y también vamos a derribar algunos mitos relacionados con algunos conceptos.

El objetivo de este libro es enseñarte a tener una noción más completa y compleja sobre las Criptomonedas, desde los conceptos más básicos como el saber cómo funciona todo, el cómo encajan las piezas a lo más avanzado.

También me he tomado el tiempo de recomendarte algunos recursos para que puedas comenzar con el pie derecho. **Ten en cuenta que muchos de estos links son enlaces de afiliado, por lo que recibirás algunos descuentos y/o beneficios al utilizar el link recomendado, sin ningún costo alguno para ti. Por esto mismo aprovéchalo.**

Escribir este libro no solo informarte del mundo de las criptas sino, para motivarte también, a dar ese paso que tanto te cuesta y tomar acción, es por esto que quiero pedirte una cosa, no te rindas a lo largo de este libro, sigue bajo tu propio riesgo los consejos, te prometo que al terminar este libro y aplicar paso por paso mis consejos y enseñanzas vas a lograr comprender mejor este mundillo y de acuerdo a tu accionar personal lograr la libertad financiera o también apoyar esta iniciativa que nos da el poder a nosotros los ciudadanos frente al sistema financiero actual que está demasiado manipulado y hace rico a unos pocos.

Nuevamente, Muchas gracias por adquirir este libro, espero que lo disfrutes.

SOBRE MI

Y ¿PORQUE DEBERÍAS DE ESCUCHARME?

Muy buenas, mi nombre es Sebastian Andres , soy un emprendedor, escritor y viajero del mundo. Entusiasta de las Criptomonedas desde 2011 cuando comencé a interesarme por ese mundillo. Me siento extremadamente bendecido por haber nacido en esta época, y poder vivencias el crecimiento de estas tecnologías como el internet y las criptomonedas.

Durante más de 10 años me he enfocado en desarrollar varios negocios en internet, los cuales me enseñaron a desarrollar mis propias estrategias y métodos para lograr generar ingresos pasivos. Las Criptomonedas fue uno de ellos y así fue que alcance la libertad financiera.

El propósito de mis libros, mas específicamente de la colección "Criptomonedas en Español" (en los cuales llevo la información mas actual y fiable de las criptomonedas del ingles al español, si te interesa puedes buscar los otros libros de esta colección, en los cuales abordamos otras criptos) es que sean una fuente de inspiración para ti y generar un cambio en aquellos que no se conforman con lo establecido y saben que pueden dar más, que pueden generar un cambio positivo en sus vidas y llegar a diseñar ese estilo de vida que tanto quieren.

Estoy confiado que esta información te ayudara a terminar de dar ese empuje y meterte a las criptomonedas de lleno.

UN REGALO PARA TI

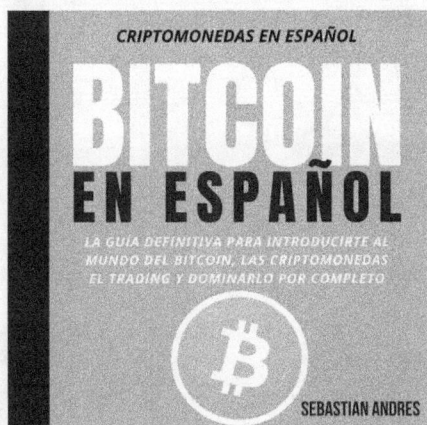

Querido lector, la colección de libros "Criptomonedas en Español" no solo tiene versiones en ebook, tapa blanda (paperback) y tapa dura (hardback) sino que también esta disponible una version en audiolibro, muchas veces no tenemos tiempo para sentarnos y leer por el ajetreo del día a día por lo que esta version es mas cómoda para ti.

Si deseas la version en audiolibro de esta colección, puedes escanear el siguiente código QR con tu móvil/smartphone y obtenerlo de forma gratuita:

¡Qué lo disfrutes!

COLECCIÓN CRIPTOMONEDAS EN ESPAÑOL

Este libro forma parte de la colección *"Criptomonedas en Español"* en donde queremos trasmitirte toda la educación e información actual en base a las criptomonedas mas cotizadas y conocidas.

- El volumen 1 esta comprendido por el Libro: **Bitcoin en Español**.
- El volumen 2: **Ethereum en Español**.
- El volumen 3: **Dogecoin en Español**.
- El volumen 4: **Cardano ADA en Español**

Donde revisamos y te damos toda la información que necesitas saber para conocer mas acerca de esta criptomoneda y su asombroso futuro en el area de las finanzas.

IMPORTANTE
ADVERTENCIA

La inversión en mercados financieros como las Criptomonedas y otros activos puede llevar a pérdidas de dinero. El propósito de este libro es solamente educativo y no representa una recomendación de inversión, para ello ya existen muchos profesionales en el area que pueden ayudarte. Procede con cautela, bajo tu propio riesgo y recuerda, nunca inviertas más de lo que estés dispuesto a perder.

Al continuar leyendo este libro aceptas esta Advertencia.

UNO

ENTENDIENDO LA LOGICA DETRAS DE ETHEREUM

Comencemos por decir que Ethereum es una plataforma digital enlazada a la Blockchain o Cadena de bloques (Sistema tecnológico que permite administrar de forma personalizada, descentralizada, sincronizada y segura, toda la información de registros y movimientos generada por terminales computarizadas y demás dispositivos), y que expande su utilización a una amplia gama de aplicaciones en la red on line.

Ether (ETH), es la criptomoneda nativa de Ethereum; y está reconocida como la segunda moneda virtual más grande y poderosa del mundo después del Bitcoin. De tal manera pues, a partir de ahora sabremos identificar con claridad que Ethereum es la plataforma y

Ether la criptomoneda, producto del ingenio que visualizaron dos jóvenes y se establecieron en el mundo como figuras públicas, reales, físicas e identificables.

Sabiendo que has dado inicio a esta fascinante lectura, y buscas hacerte parte de un recorrido por demás interesante, y realmente productivo en el cosmos de las criptomonedas; veamos los orígenes y fundamentos que inspiraron e hicieron posible la creación de Ethereum.

Ethereum es una plataforma para aplicaciones descentralizadas no monitoreadas, que gana día a día importancia, valor y reconocimiento; los cuales le hacen figurar como herramienta y recurso de interés financiero, al punto que renombradas entidades bancarias como la fusión mercantil UBS de Suiza, BNP Paribas de Francia y Barclays del Reino Unido, entre otros; ven en Ethereum solidez y prestigio, muy por encima de lo que ha venido representando actualmente el dinero tradicional.

Los orígenes de Ethereum, se remontan a finales del año 2013. Para entonces, dos jóvenes entusiastas y emprendedores, se embarcan en un proyecto exigente, con grandes características de nueva demanda y actualidad, con infinidad de detalles estructurales y la factibilidad de ser posible crearlo, afianzando un concepto financiero contemporáneo que impregnaría con un giro determinante todas las economías personales, corporativas y mundiales; un vuelco positivo y alentador.

Ya para el año 2014 y de manera formal, el proyecto Ethereum es presentado por vez primera, logrando así para el año 2015 finalizar su fase de programación, confección y diseño, logrando definitivamente abrirse camino y establecerse en el espectro moderno de los criptoactivos.

Ethereum fue creado por el inglés Gavin Wood y el Ruso-Canadiense Vitálik Buterin, cuando este tan solo contaba con 21 años de edad. Podemos dar por garantizado que la historia y orígenes de Ethereum, se remontan al año 2011. Para ese entonces, Vitálik Buterin tenía 17 años y se iniciaba como empleado en Bitcoin, desempeñando el cargo de programador. Viendo ciertas y determinadas fallas que arrojaba la plataforma de Bitcoin y algunas deficiencias operativas, Buterin decide emprender con la creación de Ethereum y desarrollar una tecnología Blockchain superior a la actualmente ejecutada, conocida y manejada por su casa contratante.

Buterin consideraba que Bitcoin no trabaja directa ni correctamente sobre los contratiempos que se suscitaban, él creía que solo se buscaban aplicaciones individuales, hecho este que le inspira a abandonar Bitcoin para dedicar tiempo, esfuerzo y creatividad a favor de su propio proyecto: La Plataforma Ethereum.

En la actualidad el desarrollo activo de Ethereum es operado por Ethereum Foundation, organización no gubernamental sin fines ni ánimos de lucro, fundada en el año 2014 y que se dedica a extender y ampliar el perfeccionamiento de Ethereum como plataforma tecnológica a favor de la comunidad mundial.

Es importante resaltar y reiterar que Ethereum en sí, no es una criptomoneda ni un protocolo de código abierto para la realización de programas de pago; es una plataforma para la operatividad efectiva de aplicaciones descentralizadas, desde la cual son ejecutados los sistemas operativos de diversas funciones y múltiples alternativas en la red. Todo esto ocurre desde lo que podríamos llamar su centro neurálgico, gracias a una poderosa máquina virtual conocida como Ethereum Virtual Machine (EVM).

Por tal razón es válido decir que Ethereum es un sistema operativo, distribuido a través de una red extensa y que muy distante de otros sistemas o plataforma; es 100% descentralizado, colaborativa y no está regido ni regulado por la tutela, dirección o gerencia de alguna entidad gubernamental, financiera o comercial.

Próxima a cumplir 6 años, la plataforma Ethereum ha experimentado desde su moneda virtual Ether; alzas y bajas de destacada importancia, sobresaliendo la experiencia vivida a principios de 2020 cuando su valor pasó de 130 $ a 285 $ a mediados de febrero. Situación que posteriormente y por temores a invertir tras la pandemia del

COVID-19, llevó a Ether hacia un pico de bajada en solo una semana, cerrando en 107 $ el día 12 de marzo.

Hoy día y justo cuando redactamos este documento, Ether se encuentra en una posición privilegiada manteniendo su segundo peldaño como la criptomoneda más poderosa del mundo, cotizando por encima de los 4.012,00 $ al 13 de mayo de 2021. Si consideramos que, a dos meses de su lanzamiento, el 30 de septiembre de 2015 el valor se estableció en 0,71 $, al año llegó a 13,22 $ y un año más tarde en 1.351,00 $ el 14 de enero de 2018.

Su tendencia alcista se hizo notar con el boom de las criptomonedas en 2017 para luego comenzar un descenso que le hizo llegar a 199,26 $ del cual hemos visto una histórica recuperación que avizora un futuro interesante y muy alentador para la estructura global y plena del ecosistema Ethereum.

En los últimos años Ethereum sigue ganando gran popularidad dentro del sistema y mundo cripto, basada en su solidez y figura como plataforma multifuncional estable, segura, independiente. Está respaldada en sus desarrollos por la Ethereum Foundation y la posición de Ether, su moneda nativa, apoyado en su poderosa Ethereum Virtual Machine (EVM). Vale la pena hacer hincapié en que Ethereum, como proyecto de software de código abierto impulsado por su comunidad, ha evolucionado y sigue impulsado satisfactoriamente desde sus inicios y sigue creciendo.

La era de las criptomonedas vio la luz con la aparición de la primera opción virtual, cuando en el año 2009 Bitcoin da la apertura a una alternativa hacia el dinero físico. Desde entonces y al día de hoy, ya son más de 7.000 criptodivisas las que buscan de alguna manera liderar en el mercado, ofreciendo su mejor estructura y convertirse en una herramienta financiera segura y confiable. Potenciando sus diseños y reforzando sus programas, activando sistemas operativos factibles para una negociación garantizada. Todo ello y mucho más forma parte del desarrollo dentro de la plataforma Ethereum, la cual ha transformado la manera de hospedar aplicaciones y proponer un instrumento financiero de vanguardia.

Vitálik Buterin, nacido en Kolomna, Rusia, el 31 de enero de 1994. Desarrollador web, criptoactivista y además cofundador de la revista Bitcoin Magazine, experimentado innovador en diversos proyectos digitales, investigador y analista; quien ha logrado convertirse por su corta edad en una de las personas más influyentes e inspiradora por su magna contribución a la construcción de la criptogalaxia, es el creador del ambicioso proyecto Ethereum, que en un poco más de 5 años ya adopta 14 millones de suscriptores y cada día crece en confianza.

Buterin de alguna manera y desde muy joven gozaba de una magia intrínseca. Fanático y asiduo jugador "enganchado" al videojuego World Of Warcraft; disfrutó una época plena entre 2007 y 2010, tras dedicarse por horas al juego, buscando escalar posiciones y subir de nivel en nivel como hechicero, lo cual el mismo Vitálik considera como de valiosa repercusión en su futura investigación y creación de Ethereum.

Un evento determinante marco esa gran transición, cuando la compañía Blizzard, propietaria del juego World Of Warcraft, realizó modificaciones en los parámetros que vieron afectado a uno de los personajes de Vitálik. Lo ocurrido precisamente fue que la actualización hecha al juego eliminó el Hechizo Siphon Life que usaba en su personaje de brujo. Según su testimonio, esa experiencia le permitió ver lo que consideró el lado negativo de los sistemas de desarrollo centralizados. Era incomprensible para él aceptar y ver, cómo la plataforma virtual del juego le arrebataba aquello que, tras días y temporadas de actividad recreativa, le había costado tanto esfuerzo construir.

BREVE DESCRIPCIÓN del funcionamiento de la Blockchain de Ethereum y la organización de los bloques

Iniciemos este apartado definiendo lo que es Blockchain, como lo dice su término traducido del inglés, es una Cadena de Bloques, se trata de un registro único, consensuado y distribuido en diversos nodos o espacios donde convergen varios puntos de una red. En relación con las criptomonedas, bien podríamos compararlo con un libro contable en el cual se registran todas las transacciones de una empresa u organización.

Su funcionamiento podría resultar quizás complejo de entender si profundizamos en los aspectos internos propios de su configuración. Sin embargo, la idea básica es bastante sencilla y práctica de comprender.

CADA UNO DE los bloques almacena:

- CIERTA CANTIDAD de registros o de transacciones válidas.
  - Información inherente al bloque.
  - La vinculación con el bloque anterior y el siguiente a través del Hash, operación criptográfica generadora de identificadores únicos e irrepetibles de cada uno de los bloques, un código propio el cual vendría a ser como la huella digital de dicho bloque.

EN CONSECUENCIA, cada bloque tendrá un lugar específico, propio e inamovible dentro de la cadena, pues cada bloque contendrá información del hash generado en el bloque que le precede. El cierre de la cadena se almacena en cada nodo de la red que constituirá la Blockchain, proporcionado a su vez una copia exacta de la cadena a todos los miembros de la red.

En la medida que son creados nuevos registros, estos son inicialmente verificados y validados por los nodos de red y posteriormente incorporados a un bloque nuevo que se enlazará a la cadena.

El funcionamiento de Ethereum se corresponde con una plataforma de código abierto sustentada en la tecnología Blockchain, descrita en las líneas de atrás. Esta cadena de bloques o Blockchain se hospeda en una innumerable cantidad de ordenadores distribuidos alrededor del mundo, lo que garantiza su cualidad descentralizada. Cada uno de estos ordenadores dispone de una copia de la Blockchain y debe aplicar un acuerdo o consenso generalizado previo a la aplicación de cualquier cambio que se dé en la red.

La Blockchain de Ethereum guarda estrecha relación con la de Bitcoin, en cuanto a que esta es un registro del historial de las transacciones realizadas. Sin embargo, los desarrolladores tienen la facultad de construir y desplegar software y aplicaciones descentralizadas o "DApps" (Decentralized Applications) cuyo funcionamiento se basa en una red descentralizada, con la red de Ethereum. Estas igualmente se almacenan en la Blockchain junto al registro de transacciones.

Como ya se ha mencionado, Ethereum se basa en el mismo protocolo de Bitcoin y su diseño de la cadena de bloques, debidamente configurado para que las aplicaciones y operaciones más allá de los sistemas de dinero puedan ser soportadas. Solo existe una verdadera similitud entre las dos Blockchains y es que ambas almacenan y recopilan el historial de las transacciones totales de sus redes correspondientes.

Ahora bien, conviene subrayar que la Blockchain de Ethereum dispone de una actividad que va mucho más allá, haciendo un poco más que almacenar. Además de archivar el historial de transacciones, cada uno de los nodos de la red o plataforma Ethereum también precisa descargar el estatus más reciente o información actual de cada contrato inteligente (Smart Contract, que veremos más adelante), el saldo o crédito de cada usuario y el código completo de contrato inteligente y dónde este se encuentra almacenado.

En esencia, la Blockchain de Ethereum podemos describirla como una poderosa máquina de estado con fundamento estricto en sus transacciones. Desde el punto de vista o ambiente informático, una máquina de estado se define como un algo con capacidad de leer y visualizar toda una serie de entradas y realizar la transacción a un nuevo estado basado en dichas entradas. Cuando estas operaciones o transacciones se ejecutan, la máquina pasa a otro estado.

Cada uno de los estados de Ethereum está constituido por

millones de transacciones, estas transacciones son agrupadas para dar origen a un bloque y así generar una cadena con todos y cada uno de los bloques anteriormente formados y enlazados entre sí. Para que finalmente la transacción pueda ser incorporada al libro mayor de registros, es necesario que esta sea validada y pase por debidamente por el proceso de minería.

La minería es el proceso a través del cual un determinado número de nodos aplica toda su potencia y capacidad de cálculo para completar la Prueba de Trabajo (Proof Of Work - PoW), que en esencia viene a ser como un puzzle matemático. Cuanto más potente y eficaz sea el ordenador, mucho más rápido será posible resolver y armar el rompecabezas. Una respuesta precisa a este acertijo es en sí misma una Prueba de Trabajo, la cual garantiza la validez y confirmación de un bloque.

Son muchísimos los mineros que en todos los rincones del mundo se mantienen en una constante competencia entre ellos por intentar crear y validar un nuevo bloque, ya que cada vez que se da uno; se generan nuevos tokens (unidad de valor creada por una organización para administrar sus modelos propio de negocios), de Ether que van a manos de dicho minero. Los mineros son la columna vertebral de la plataforma Ethereum, ya que su importante función de confirmar y validar transacciones y cualquier otro tipo de actividad dentro de la red les permite la posibilidad de generar nuevos tokens.

Tengamos siempre presente y conviene recordar que la tecnología de la Blockchain está, si se quiere; inspirada en el concepto de Libro Contable Distribuido (DLT), el cual tiene como fundamento técnico un sistema en red de ordenadores que se guían por el principio de red en pares. Los aportes para la creación y validación de consensos, se remiten a procesos criptográficos o a la teoría del juego.

El concepto de Libro Contable Distribuido (DLT) o Tecnología de Registro Distribuido (TLD), hace referencia a un Registro Público Descentralizado. Toda la información contenida en dicho libro suele reflejar todo un encadenamiento de datos de transacción que testimonia movimientos de cuentas. Una red o conjunto de ordenadores admite en forma grupal toda la información y cada nodo de la red cuenta con copia o réplica de este conglomerado de datos.

Veamos la situación con un ejemplo:

Cuando, mediante el apoyo de una aplicación de Blockchain Luis realiza una transferencia a Nancy por el pago de un reloj, la operación o transacción queda registrada en un libro de contabilidad distribuido. De inmediato, todos los miembros de la aplicación la podrán rastrear y visualizar.

En las redes y plataformas de Blockchain se utilizan monedas virtuales, tales como Bitcoin, Dash, Ether, etc. en lugar de dinero fiat o tradicional. La idea de Libro Contable Distribuido tiene sus fundamentos en las redes de pares (P2P) Peer To Peer, ya que, de esta manera se facilita la comunicación entre ordenadores en un mismo rango y en red.

En las redes de pares de la cadena de bloques los valores virtuales no son transmitidos en forma directa de un punto a otro, a cambio de ello, todos los participantes, quienes para interactuar con la Blockchain deben contar con un software cliente que sistematiza todo el proceso de consenso como la copia del estado de información; tienen todos una réplica de todas y cada una de las transacciones que guardan de forma incógnita, desde donde se desglosa quién ostenta qué valor y en cuál momento.

Al producirse alguna modificación en el estatus de los datos, cada réplica de cada uno de los nodos actuantes concuerda con la versión anterior de la Blockchain. Para que un cambio en la base principal de datos sea aceptado, todos los ordenadores que constituyen la red están obligados a determinar por mayoría que las reformas son genuinas. Esto significa, que solo si la mayoría de los nodos partícipes aceptan las modificaciones, estas tendrán que ser aceptadas por todos los integrantes de la red.

Ahora bien, y si en caso adverso, la mitad más uno como mínimo, de los nodos determina que los cambios no son auténticos, todos los integrantes de la red los deberán rechazar. Esta situación se puede dar cuando, por ejemplo, los datos nuevos refutan réplicas anteriores a la cadena de bloques. Por tal razón, cuando alguno de los nodos precisa efectuar cambios o modificaciones en la Blockchain, debe demostrar y constatar que está debidamente autorizado para realizarlo.

ENTENDIENDO la tecnología Blockchain detrás del funcionamiento de Ethereum

Blockchain, a veces denominada tecnología de contabilidad distribuida (DLT), hace que el historial de cualquier activo digital sea inalterable y transparente mediante el uso de la descentralización y el hash criptográfico.

Una analogía simple para comprender la tecnología Blockchain es un documento de Google. Cuando creamos un documento y lo compartimos con un grupo de personas, el documento se distribuye en lugar de copiarlo o transferirlo. Esto crea una cadena de distribución descentralizada que brinda a todos acceso al documento al mismo tiempo. Nadie está bloqueado esperando cambios de otra parte, mientras que todas las modificaciones al documento se registran en tiempo real, lo que hace que los cambios sean completamente transparentes.

POR SUPUESTO, Blockchain es mucho más complicado que un Google Doc, pero la analogía es adecuada porque nos ilustra cinco ideas críticas de la tecnología:

● UNA CADENA de bloques Blockchain es una base de datos que almacena bloques de datos cifrados y luego los encadena para formar una única fuente de verdad cronológica para los datos.

　　● Los activos digitales se distribuyen en lugar de copiar o transferir, creando un registro inmutable de un activo.

● El activo está descentralizado, lo que permite el acceso total en tiempo real y la transparencia para el público.

● Un libro de contabilidad transparente de cambios conserva la integridad del documento, lo que crea confianza en el activo.

● Las medidas de seguridad inherentes de Blockchain y el libro mayor público lo convierten en una tecnología de primera para casi todos los sectores.

BLOCKCHAIN ES una tecnología especialmente prometedora y revolucionaria porque ayuda a reducir el riesgo, elimina el fraude y brinda transparencia de una manera escalable para innumerables usos.

¿CÓMO FUNCIONA BLOCKCHAIN?

EL OBJETIVO de usar una cadena de bloques es permitir que las personas, en particular las personas que no confían entre sí, compartan datos valiosos de una manera segura y a prueba de monitoreos y manipulaciones.

Blockchain consta de tres conceptos importantes: bloques, mineros y nodos.

Bloques

Cada cadena consta de varios bloques y cada bloque tiene tres elementos básicos:

Los datos del bloque

Un número entero de 32 bits llamado nonce. El nonce se genera aleatoriamente cuando se crea un bloque, que luego genera un hash de encabezado de bloque.

El hash es un número de 256 bits unido al nonce. Debe comenzar con una gran cantidad de ceros (es decir, ser extremadamente pequeño).

Cuando se crea el primer bloque de una cadena, un nonce genera el hash criptográfico. Los datos del bloque se consideran firmados y vinculados para siempre al nonce y al hash a menos que se extraigan.

MINEROS

LOS MINEROS CREAN nuevos bloques en la cadena a través de un proceso llamado minería.

En una cadena de bloques, cada bloque tiene su propio valor y hash únicos, pero también hace referencia al hash del bloque anterior en la cadena, por lo que extraer un bloque no es fácil, especialmente en cadenas grandes.

Los mineros usan un software especial para resolver el increíblemente complejo problema matemático de encontrar un nonce que genere un hash aceptado. Debido a que el nonce tiene solo 32 bits y el hash es 256, hay aproximadamente cuatro mil millones de combinaciones posibles de nonce-hash que deben extraerse antes de encontrar la correcta. Cuando eso sucede, se dice que los mineros han encontrado el "nonce dorado" y su bloque se agrega a la cadena.

Hacer un cambio en cualquier bloque al principio de la cadena requiere volver a extraer no solo el bloque con el cambio, sino todos los bloques que vienen después. Por eso es extremadamente difícil manipular la tecnología Blockchain. Piense en ello como "seguridad en matemáticas", ya que encontrar nonces de oro requiere una enorme cantidad de tiempo y potencia informática.

Cuando un bloque se extrae con éxito, el cambio es aceptado por todos los nodos de la red y el minero es recompensado económicamente.

Nodos

Uno de los conceptos más importantes de la tecnología Blockchain es la descentralización. Ninguna computadora u organización puede ser propietaria de la cadena. En cambio, es un libro mayor distribuido a través de los nodos conectados a la cadena. Los nodos pueden ser cualquier tipo de dispositivo electrónico que mantenga copias de la cadena de bloques y mantenga la red en funcionamiento.

Cada nodo tiene su propia copia de la cadena de bloques y la red debe aprobar algorítmicamente cualquier bloque recién extraído para que la cadena sea actualizada, confiable y verificada. Dado que las cadenas de bloques son transparentes, cada acción en el libro mayor se puede verificar y ver fácilmente. Cada participante recibe un número de identificación alfanumérico único que muestra sus transacciones.

La combinación de información pública con un sistema de controles y contrapesos ayuda a la cadena de bloques a mantener la integridad y genera confianza entre los usuarios. Esencialmente, las cadenas de bloques se pueden considerar como la escalabilidad de la confianza a través de la tecnología.

A través de la criptomoneda Ether, nativa de Ethereum se realizan a nivel mundial los más altos porcentajes de transacciones y negociaciones de los ya conocidos NTF (Non Fungible Tokens), activos digitales de moda únicos que equivalen a certificados virtuales de autenticidad verificados por medio de la Blockchain. Una de las tantas causas que incide en el alza del precio del Ether.

El inicio del mes de mayo de 2021 representó para Ethereum un momento histórico, al romper con una marca récord de su valor, llegando en tan corto tiempo de existencia a superar la barrera de los 3.000,00 $ por Ether. El impacto no quedó silente entre quienes hacen vida dentro del mundo cripto, pues el hecho se hizo tendencia en blogs y redes sociales en toda la red.

Ether es la segunda criptomoneda más grande del sistema financiero digital y en la actualidad representa un valor de mercado superior a los 387.000 millones de dólares. Su plataforma madre, Ethereum, su centro de desarrollo Ethereum Foundation, su sistema operativo dedicado junto a la función que cumple Ethereum Virtual Machine (EVM) y el diseño minuciosamente estructurado en su cadena de bloques; hacen de Ethereum una figura de representativa seguridad y confianza entre sus usuarios y futuros prospectos.

Ethereum corre en un software operativo de código abierto con características similares a las utilizadas por Bitcoin. Reiteramos e insistiremos en resaltar que sus operaciones son totalmente descentralizadas no monitoreadas y crean una especie de libro público contable donde se asientan y quedan registradas todas y cada una de las transacciones dadas, validadas y confirmadas. Esta dinámica tecnológica es conocida como cadena de bloques o Blockchain.

Cuando hablamos de descentralizada, nos referimos a que cada uno de los participantes puede confirmar las transacciones, sin la actuación de ningún ente gubernamental, alguna autoridad local, banco federal o entidad financiera. Esto quiere decir, que no se debe esperar, por ejemplo, la aprobación del banco central para emitir una orden, procesar la operación y entregar en físico cierta cantidad de dinero impreso.

En comparación con la tecnología que se desarrolla detrás de Bitcoin, la comprobación de operaciones dentro de la Blockchain de Ethereum sucede en solo segundos, no en minutos; por ende, es mucho más rápida. Otro elemento diferenciador es que el software de Ethereum fue concebido con la idea de ser utilizado en otro tipo de operaciones, como por ejemplo las subastas de arte, uno de los usos más activos en la actualidad.

La Blockchain de Ethereum se ha convertido en la más utilizada actualmente, debido al crecimiento de las stablecoin y el aumento de las DeFi (Decentralized Finance). Últimamente el precio del Bitcoin se ha venido negociando en un rango medianamente lineal y su volumen de comercio se ha venido manteniendo relativamente plano.

Un número importante de tokens en la red Ethereum ha ido de punta encabezando listas de precios, muy particularmente los tokens de Finanzas Descentralizadas o DeFi (Decentralized Finance). Datos recientes han reportado que Ethereum ha superado a Bitcoin como la red de mayor liquidez en valor por día. Esto se traduce en que el valor en dólares que poseen las transacciones de Ether ETH y sus token, resultan más altos que el de Bitcoin.

El sector de Finanzas Descentralizadas continúa ganando popularidad, todo ello gracias a las transacciones de monedas estables o stablecoins que han impactado en gran parte gracias a la notoriedad de las DeFi, logrando liquidar en el transcurso del año 2020 mucho más de 508 millones de dólares. Una cifra que superar en un 100% los montos liquidados para el año 2019, cuando estos alcanzaron la cifra de 253 millones de dólares.

Bitcoin ofrece al mercado criptomonedas que operan por medio de los protocolos Counterparty y Omni, pero estos activos languidecen si son comparados con las capacidades que tienen los Smart Contracts o contratos inteligentes de la red Ethereum que continúa figurando a través de las nuevas posibilidades de las DeFi. En conjunción con las tarifas más bajas y tiempos más rápidos por transacción, Ethereum se posesiona como la cadena de elección para monedas estables centralizadas y descentralizadas.

El USDT (Tether) fue expuesto por vez primera en la Blockchain o Cadena de Bloques de Bitcoin, y actualmente solo un 13,2% de su abastecimiento reside en esta criptomoneda, mientras que por otro lado el 59,8% del suministro de USDT se aloja en la Blockchain de Ethereum. Por tal motivo y por mantenerse la mayor parte del saldo de USDT (Tether) en la plataforma de Ethereum, este viene a ser el mayor consumidor de gas (unidad de medida que veremos más adelante) en la plataforma.

Sin lugar a dudas ni discusión, la Blockchain de Ethereum es la más famosa y popular de la industria. Se trata de una red pública distribuida dedicada a ejecutar y desarrollar códigos de programación a favor de aplicaciones y sistemas operativos descentralizados. Dicho de otra manera, es un software que actúa como plataforma compartida para todo tipo de información y recursos on line. Además, que dichos datos no pueden ser modificados ni susceptibles a ser manipulados.

La cadena de bloques o Blockchain de Ethereum pudiese ser

considerada como lo suficientemente parecida a la de Bitcoin, sin embargo, existen ciertos elementos diferenciales. Uno de ellos es su lenguaje de programación que le permite a sus desarrolladores producir software a través de los cuales es viable gestionar o tramitar transacciones, y de igual manera automatizar ciertos y determinados resultados, algo que se conoce como contratos inteligentes o Smart Contracts y que será desarrollado más adelante.

Sin embargo, en el marco de la Blockchain es oportuno decir que los Smart Contracts aseguran que las condiciones, pautas y términos establecidos y acordados en una relación se cumplan a cabalidad. Estos contratos vienen amparados por programas que se ejecutan de forma automática toda vez que las condiciones predefinidas se cumplen. Durante su proceso quedan de lado los retrasos y costos típicos que existen en la confección y desarrollo de acuerdos manuales.

La estructura tan bien elaborada en la Blockchain de Ethereum, además de dar vida a sus excelentes Contratos Inteligentes, los cuales con su aparición han ayudado a proliferar este tipo de herramientas, no solo en el ecosistema criptográfico, sino fuera de él; también ha resultado ideal para desarrollar las llamadas DApps, Aplicaciones Descentralizadas que funcionan desde una red descentralizada. Estos recursos les dan a sus usuarios la posibilidad de acceder de forma totalmente segura a un campo amplio de distintos servicios.

En líneas muy precisas y generales, las alternativas innovadoras que ofreció la Blockchain de Ethereum son las mismas que catapultaron la gran fama de esta potente plataforma.

Estas características junto a su forma, estructura, bondades, beneficios y novedades; son las que han impulsado a un número extenso de desarrolladores y programadores a utilizar y entender la vanguardista tecnología de Blockchain detrás del funcionamiento de Ethereum.

LOS CASOS **de uso de Ethereum**

. . .

EN CONDICIONES de posicionamiento de mercado criptoactivo, Ethereum como plataforma y su moneda virtual nativa Ether mantienen un indiscutible y bien merecido segundo lugar como la criptomoneda más importante del mundo, muy a pesar de que son muchos los usuarios, suscriptores y seguidores que se preguntan por qué no se ha convertido en la primera pues, considerando entre tantos motivos la eficacia indiscutible de sus contratos inteligentes, todas sus funciones son siempre bien ponderadas.

Conviene ser honestos en reconocer que Bitcoin lleva la batuta y comanda el sector de contratos inteligentes, pero es Ethereum quien los ejecuta y maneja de forma mucho más simple, condición resaltada y valorada por Buterin, su fundador, quien afirma sus capacidades avanzadas de scripting (capacidad de procesar comandos que el sistema interpreta y puede ejecutar) y completitud de su estructura.

Los usos de Ethereum parten desde sistemas básicos de pago, adquisición de activos, financiamientos, hasta la digitalización de la vida cotidiana, manejos de cuentas y predicción de mercados, aspirando a mucho más en un futuro a corto plazo.

Es muy probable que con frecuencia muchas personas se pregunten para qué o en qué se usa Ethereum. Incluso para conocedores en la materia suelen darse sorpresas al conocer frecuentes o nuevas utilidades que simplemente desconocían.

A continuación, destacaremos solo algunos de los principales usos que la comunidad ha dado y mantiene activos en la plataforma Ethereum.

1. **ICO (Initial Coin Offer) & DAICO (Decentralized Autonomous Organization + ICO)**

LA DINÁMICA operativa de las ICO (instrumento de financiación) desde Ethereum resulta mucho más sencilla, como también lo es la venta de tokens. Sus formatos y características le impregnan transparencia y eficacia. Vitálik Buterin sugirió la fusión de ICO y DAO para crear el modelo híbrido DAICO.

En una ocasión se dio el lanzamiento de una de DAICO con una variable denominada TAP (unidades: wei/seg, inicializada a cero), un tanto diferente al antiguo contrato ICO, pero que inicia igualmente como una contribución, solo que esta se encuentra configurada para determinar cuántos Ether podrán retirar los desarrolladores por segundo, donde el límite es determinado por los mismos contribuyentes. Finalmente, en este proceso se les otorga cierto control a los desarrolladores para no hacer un retiro total del monto y poder salir en segundos.

2.CONTRATO DE SERVICIOS **bancarios y financieros**

DESDE UN PUNTO de vista mercantil, los servicios de contratos de la Blockchain de Ethereum, ofrecen un abanico de posibilidades para ser instaurados. De esta manera, se les puede enlazar con los conocidos bonos nacionales, pagos, liquidaciones, hipotecas, créditos y fideicomisos entre otros elementos.

Una demostración ilustrativa de este uso lo pudiésemos representar en el caso hipotético de una persona que haya incumplido con su compromiso de pago programado en un préstamo sin notificar al banco. Podría suceder que, en lugar de proceder con una fianza, se codificaría un Smart Contract de larga data en el cual las condiciones y reglas se impondrían.

Otra vía estaría en los bonos de gobierno próximos a su vencimiento y que se han sustentado con un contrato inteligente, allí los pagos se procesarían de forma inmediata al momento de su caducidad a la persona o entidad que los posea.

3.Mercados de predicción

ETHEREUM TAMBIÉN BENEFICIA a los mercados predictivos. Aunque en la práctica son pocas las plataformas dedicadas a este sector productivo de las cripto desde la Blockchain. Los principales casos de mercados de predicción favorecidos por Ethereum a resaltar son Gnosis (GNO) y Augur (REP).

Se entiende por mercados de predicción a ciertos sectores en los que es válida la idea de considerar conocer algo a futuro o dar con ciertos resultados. Por ejemplo, procesos electorales, eventos deportivos o resultados de una subasta entre otros.

En este tipo de escenarios, los participantes se motivan a predecir algún resultado y en caso de atinar, se verán beneficiados y recompensados con contratos inteligentes en la Blockchain de Ethereum.

Por último, estas predicciones podrían ser utilizadas sin complicaciones en apuestas o para tomar decisiones en una compañía al momento de promocionar un nuevo producto, motivo por el que el proceso en su contexto general, resultaría muy económico y gratificante.

4.FIDEICOMISOS

CUANDO EN UNA determinada situación se requiera la necesidad de un servicio especial de custodia y un intermediario, los Smart Contracts de Ethereum son la opción apropiada, pues en la actualidad se les puede reemplazar. Solo una condición estaría a cargo del contrato inteligente en un contexto como el descrito, y es programar el contrato con todas las consideraciones y posibles escenarios. De esta manera, se les puede aplicar con seguridad.

Un buen ejemplo de este uso se puede representar con un servicio de custodia en una Exchange P2P (Red de pares Peer-To-

Peer), al utilizar contratos inteligentes en una organización de bienes raíces como con herencias y testamentos.

5.GESTIÓN DE IDENTIDAD **digital**

CADA DÍA se habla más y resulta ser una clave para el futuro de la sociedad, la administración de las identidades digitales. Basado en los contratos inteligentes sería factible brindar soluciones apropiadas y economizar millones de dólares en casos de robos o monopolios de información.

Un claro ejemplo se puede ver en los proyectos de uPort, el cual ofrece una brillante alternativa de identidad soberana a sus usuarios, donde sí existe la posibilidad de realizar un viaje fuera del país de residencia, se logre obtener el pasaporte a través de uPort. Luego, y al cruzar los puntos de control se desplegaría todo un detalle requerido por el aeropuerto para así emprender dicho viaje.

Para finalizar, no habría forma ni manera de ver ni copiar los datos de identidad digital, a no ser que el propietario se autentifique mediante la aplicación uPort por medio de su teléfono móvil para transferir la información a la Blockchain de Ethereum, la cual representa una fuente informativa de confianza para quien la solicita.

Comprando, vendiendo y tradeando Ethereum (Binance, Cex.io, Coinbase)

El mercado financiero digital es integral y se caracteriza por brindar una extensa variedad de recursos operativos que mantiene a la red en constante movimiento segundo a segundo, su dinámica es totalmente activa e indetenible. Quien forma parte del espectro criptoactivo se encontrará en un ambiente de intensa acción, dada la necesidad de comprar, vender y negociar con miras a generar patrimonio y abrirse un futuro cambiario con seguridad, confianza y amplitud.

Existe una gran diferencia entre comprar, vender y tradear criptomonedas dentro de un sistema mercantil intercambiario desde una plataforma virtual determinada o exchange. Estas actividades de negociación se llevan a cabo con el firme propósito de obtener ganancias pactando en el mercado criptodigital entre usuarios y suscriptores con intenciones comunes.

La compra, venta y trading de criptomonedas se realiza dentro de un mercado para tales fines. El negociante deberá abrir una cuenta en la plataforma correspondiente en la cual llenará un formulario o planilla en línea. La mayoría de estas plataformas dentro del mercado cuentan con un libro de órdenes en el cual se visualizarán qué están ofertando y demandando los usuarios y desde dónde lo están haciendo.

Los mercados de intercambio de criptomonedas por lo general reciben depósitos y efectúan retiros en dos modalidades. Una cantidad pequeña de intercambios, ubicados principalmente en Reino Unido y Estados Unidos, admiten depósitos en moneda fiat (por decreto y sin respaldo) y en criptomonedas. Por otro lado, la gran mayoría de negociaciones en todo el mundo aceptan procedimientos de transacción basados en criptos, motivado a las regulaciones impuestas por las entidades financieras sobre estos mercados para manejar cuentas bancarias.

Dado el caso en que el intercambio de retiros y depósitos solo sea aceptado por medio de criptomonedas, el trader deberá crear un monedero independiente que cumpla la función de puente entre ambas organizaciones y que permita la utilización de la moneda virtual en cuestión para realizar depósitos. Las criptomonedas más comunes y más empleadas para estas operaciones son Bitcoin, Litecoin y Ethereum.

Para efectuar operaciones de fondos, se necesitará disponer o comprar Ethereum, en nuestro caso particular o cualquier otra moneda permitida para estos trámites de forma independiente y transferirla a su monedero. Seguidamente estos fondos serán transferidos desde este monedero al provisto por la plataforma para cerrar el intercambio. En este procedimiento se debe estar muy seguro de contar con los datos exactos y precisos del destinatario o receptor, ya que, una vez sea realizada la transacción; esta no será posible revertirla.

Binance

Fundada principalmente para el año 2005 en Shanghái, como un Sistema de Fusión; Binance es en la actualidad una de las plataformas de intercambio o Exchange con el mayor número de participantes y volumen comercial existente comprobado en el mundo. Binance, como plataforma de intercambio para criptomonedas, ofrece un sistema operativo compatible con más de 100 activos digitales hoy en día.

Binance no está regulada por ninguna entidad federal a nivel global. Un detalle curioso y por demás interesante, es el no conocer con exactitud en cuál país o desde qué lugar preciso se ubica su centro operativo. MFSA, Dirección de los Servicios Financieros de Malta hizo público un anuncio el 21 de febrero de 2020 en el cual reseñaba que Binance "No está autorizada por MFSA a trabajar en la esfera de criptomonedas, así que no está destinada a la supervisión normativa por parte de esta dirección".

Si posees fondos en criptomonedas y deseas comprar, vender o tradear con ellas utilizando Ether ETH, la moneda nativa de Ethereum a través de Binance, para sacar rentabilidad a tu dinero digital; lo primero que deberás hacer será crear tu propia cuenta en esta Exchange. Una vez creado tu perfil de acceso, ya tendrás opción a negociar desde esta importante plataforma siguiendo los siguientes pasos.

Para realizar compras, por ejemplo, y ya en la web de Binance, el usuario debe ir al segmento de "Mercados" y tener en cuenta cuál será su par para la negociación dentro de las múltiples monedas disponibles. Seleccionando la pestaña de "Zonas" se desplegará un menú donde aparece el botón "Todo" que presentará el grupo de monedas a comprar, apareciendo Ether de Ethereum en su segundo sitial de honor después de Bitcoin.

A continuación, hacer clic en el "Operar" para desplegar una nueva pestaña que generará un gráfico de Ethereum con el valor USDT, es decir; con el Ether que es la criptomoneda que sigue el valor del dólar en el mercado. En el botón "Buscar" se escribe ETH y se elige la criptomoneda con la cual se desee intercambiar la compra, teniendo en cuenta que Ether está disponible para ser negociado con un número extensamente amplio de monedas.

Hecho esto se iniciará una orden al mercado, generar la negociación al momento de hacer clic en el botón comprar.

Como en este ejemplo, se quiere comprar Ether con el par respectivo (dólares o euros), continuamos con el proceso yendo directo a la sección de "Realizar orden", a continuación "Compras" y luego "Market", aparecerá el precio del mercado y colocamos el monto deseado a comprar para fácil y sencillamente obtener la cantidad deseada la cual aparecerá de manera inmediata en la billetera del cliente.

Es importante ambientarse con esta muy bien diseñada y programada plataforma digital, conocer los pasos a seguir y desde ella misma, contar con una herramienta que le permite a su comunidad realizar diversidad de operaciones con plena seguridad y protección.

Binance ofrece un servicio de garantía con respaldo absoluto que protege a sus usuarios de posibles estafas y negocios fraudulentos. Si en una negociación una de las partes sugiere operar fuera de la plataforma P2P Binance, esta ignora el proceso y abre inmediatamente una apelación, y si el convenio es efectuado fuera de la exchange; no habrá forma ni manera de protección o amparo.

Cex.io

Con un registro de apertura realizado en el año 2013 en la ciudad de Londres (Reino Unido) como su fecha y lugar de fundación, a la fecha y luego de casi ocho años de actividad; Cex.io se ha convertido en uno de los centros de intercambio con más expertica del mercado virtual, calificando como una de las exchanges más seguras en la cual ningún cliente ha perdido fondos, algo sobre lo cual pocos actores pueden presumir.

Cex.io con más de 3 millones de usuarios, todos activos; es una plataforma que ofrece servicios de compra, venta, trading y wallet en prácticamente todos los continentes.

Una de las primeras plataformas digitales en hacer énfasis para efectuar transacciones de criptomonedas en pares de divisas fiat en dólares, euros, libras o rublos fue Cex.io. En un inicio fueron muchas las operadoras internacionales que se encontraron frente a una muralla, ya que una gran cantidad de exchanges exigían sus depósitos en criptomonedas, pero Cex.io al igual que Kraken dieron un notable cambio al panorama.

Para negociar desde Cex.io lo primero que ha de hacerse es crear una cuenta de acceso de manera sencilla y gratuita en solo segundos desde su web, haciendo click en el botón "Registro" para ingresar un correo electrónico en la página que a continuación se despliega, posteriormente crear un password e indicar país de residencia. ¡Atención! Son varios los países en los cuales Cex.io no admite registros y por ende no aplica su plataforma. A continuación, los mencionamos:

Afganistán, Bosnia, Burundi, Corea del Norte, Cuba, Etiopía, Guam, Guinea Bissau, Guyana, Irán, Iraq, Japón, Lao, Líbano, Libia, Mali, Pakistán, Puerto Rico, República Centroafricana, República del Congo, Siria, Somalia, Sri Lanka, Sudán, Sudán del Sur, Trinidad y Tobago, Túnez, Uganda, Vanuatu, Venezuela, Yemen y Zimbabue.

Muchos usuarios prefieren realizar sus operaciones desde Cex.io porque saben que Ethereum está ubicada actualmente entre las principales criptomonedas más populares, reconocidas y utilizadas en todo el mundo. El Ether ETH, es una atractiva moneda criptográfica que despierta gran interés para aquellas personas que desean y buscan comprar, vender, operar e intercambiar con Ethereum y sus pares de preferencia para así poder introducirla en la Blockchain.

Ether ETH/Ethereum resulta apropiado de manera bastante particular y goza de especial interés en aquellos comerciantes profesionales y expertos que consideran que su precio es el más apropiado para negociaciones y transacciones de intercambio a gran volumen. Es por ello que se dice que Ethereum es la mejor alternativa para quienes lo conciben como el mejor activo de utilidad, así como también para quienes simple y únicamente desean realizar inter-cambios.

En relación con el precio de Bitcoin y su valor de utilidad, Ethereum resulta ser mucho más atractivo. Si bien está claramente establecido que Ether es varias veces más económico que Bitcoin, esto fácilmente puede llamar la atención del público interesado en obtener cierta cantidad de criptomonedas, sin estar restringidos a una moneda en especial.

Son muchos quienes eligen Ether para invertir o negociar en proyectos a futuro, debido a la gran confianza que genera su tecnología Blockchain inspirada en la idea de la descentralización del dinero. Por ello, Ether se sostiene como una de las monedas más comercializadas por usuarios en la red y una habitual alternativa para los intercambios criptográficos.

Por ejemplo, muchos son los intercambios que postulan sus propuestas para efectuar transacciones de Ether a dólares. Cex.io se ubica entre las plataformas líderes de tendencia, ya que ofrece tipos y modalidades de cambio altamente competitivos para los más de 3 millones de usuarios en el mundo entero.

Considerando la naturaleza propia de los servicios de intercambio a favor de Ethereum, la plataforma Cex.io provee una estructura adecuada pensada en los comerciantes profesionales, así como en los principiantes.

Las tarifas de mercado compra-venta, etc. son transparentes y claras, por lo que en todo momento los participantes podrán confiar y estar seguros de que todas las operaciones serán ejecutadas bajo las condiciones esperadas. Además, con órdenes Stop-Loss (Detener Pérdidas) disponibles en la plataforma, toda operación se detendrá en caso de que su precio llegue a niveles en los que la transacción se vea irreversiblemente en una pérdida inminente. Así pues, habiendo un cambio de precio en los valores de Ethereum, será posible minimizar posibles pérdidas, ya que el software está programado para ofrecer un servicio conforme a las condiciones acordadas o las más propicias.

Las transacciones de comerciales y demás operaciones con criptomonedas se hacen sencillas, rápidas y fáciles en esta plataforma, para ello te detallamos un ejemplo del proceso que por demás incluye pasos similares de inicio y registro similares a otras exchanges:

● Registrarse en la web para obtener su propia cuenta de operaciones y acceder a página de compra, ventas y operaciones.

● Especificar el activo digital que se desea obtener en la negociación.

● Seleccionar la moneda con la cual se hará la operación y hacer click en "Comprar"

● En caso de utilizar una tarjeta de crédito para la compra, se deberá enlazar la misma.

● Comprobar que todos los datos sean los correctos a utilizar y hacer click en "Comprar Ahora".

Cex.io aplica una serie de comisiones y tarifas por ciertas y determinadas operaciones. Uno de los casos es cuando por ejemplo se efectúan depósitos con moneda fiduciaria (sin respaldo en materias primas como oro y plata) con Visa, aquí la comisión por dicha actividad oscila entre el 1,49% y el 2,99%, muy similar a depósitos con MasterCard, para los depósitos a través de SWIFT, SEPA y Faster Payments no se cobra ninguna tasa ni comisión por actividad.

Coinbase

Es una plataforma virtual que funge por un lado como monedero digital, lo cual quiere decir que podrás almacenar tu dinero electrónico en un único lugar. En tal sentido, puedes considerar a Coinbase como una aplicación tal cual tu banco de confianza, desde donde podrás ver la cantidad de criptomonedas que posees y la evolución de su valor.

De igual manera, cumpliendo su estricta función de monedero virtual, contarás con una dirección electrónica única mediante la cual otros usuarios te pondrán enviar criptomonedas y tendrás la opción de realizar pagos y tradear sin requerir la asistencia de servicios tercerizados.

Coinbase también ofrece el servicio de compraventa de criptodivisas. Significa esto, que tienes la alternativa de registrar y asociar tu tarjeta de crédito al sistema y así utilizar tu dinero tradicional o dinero fiat para comprar diferentes tipos de monedas cripto, y luego cuando lo creas conveniente puedes vender y renegociar según sean tus intenciones.

Con Coinbase tienes una herramienta cuya operatividad guarda cierta similitud o parecido a otras como la aplicación de tu banco o PayPal, por ejemplo, a la hora de hacer un pago y recibir criptomonedas, Igualmente podrás gestionarla como si fuera una App de la bolsa, solo que en lugar de especular dentro del mercado de valores podrás hacerlo con el mercado de criptodivisas.

Es conveniente que el usuario deba tener mucha cautela con el valor de las criptomonedas, ya que este es bastante volátil y se debe evaluar qué cantidad de dinero estaría dispuesto a poner en juego o riesgo al decidir realizar una transacción.

El usuario debe tener presente que Coinbase cobrará un fee o comisión cada vez que se compre o venda criptomonedas. Para la compra de criptomonedas la comisión es de 1,49%, para la venta de criptomonedas y para hacer canje de estas por dinero real o fiat, la comisión es de 1,00%; mientras que, para operaciones y transacciones de activos hacia otras carteras o monederos virtuales, no aplica ningún tipo de cargos ni comisión. Estos son aspectos muy generales configurados en prácticamente todas las plataformas dedicadas a estos fines comerciales.

Es sencillo iniciar un protocolo de negocios para compra, venta o trader en la plataforma de Coinbase. Como ya hemos visto y al igual que las anteriores, el primer paso a dar por parte del interesado es entrar en la web de Coinbase y hacer su debido registro en el botón "Registrarse", que lo encontrará en la parte superior derecha de la página donde una vez abierta la nueva ventana, tendrá que introducir los datos personales requeridos y seguir los pasos que de forma sencilla y amigable se irán solicitando para completar todo el proceso para así contar ya con una cuenta de Coinbase.

Se debe ser muy cauteloso en ingresar datos e información personal reales sin error u omisiones. Una vez cumplidos y cargados todos los requisitos, ya el usuario estará en capacidad de hacer las operaciones de su preferencia.

Para comprar, vender y operar criptomonedas desde este sistema, hacer click en el botón "Comprar/Vender" que aparece en la parte superior izquierda de la pantalla, acto seguido aparecerá una nueva ventana desde la cual se realiza la negociación con criptomonedas.

Una vez allí, se deberá elegir primero la moneda digital que se desea comprar y luego en la casilla del par la cantidad en dinero fiat que se quiere comprar. Al lado derecho de la pantalla aparece un desglose de los montos que se están manejando y el valor de las comisiones, para finalizar hay que pulsar en el botón "Comprar Ethereum".

De allí el comprador será direccionado a una nueva pantalla en la cual pulsará sobre el botón "Confirmar Compra" para cerrar de forma satisfactoria dicha operación. Una vez culminado todo el trámite es probable que se reciba vía SMS un mensaje de verificación para el código con el cual se dará por confirmada y completada la operación en cuestión. La transacción se procesará al instante en caso de haber utilizado una tarjeta de crédito, de haber sido con una cuenta bancaria, esta demorará entre 24 y 48 horas.

Hemos visto que comprar, vender y tradear Ethereum a través de las exchanges Binance, Cex.io y Coinbase entre muchas otras resulta similar en muchos aspectos. Se trata de un proceso símil entre ellas con características un tanto parecidas, especialmente en la fase de registros. La diferencia radica en los beneficios, facilidades y amplitudes que estas exchanges ofrezcan al mercado, por ello la posición que tienen en el ranking comercial:

La plataforma CoinMarketCap clasifica, agrupa y evalúa en su desempeño a las principales Exchanges Spot de criptomonedas en el mundo, actualmente 310; en función al tráfico, volumen de comercio, liquidez y confianza en la legitimidad de sus volúmenes de comercio reportados. CoinMarketCap clasifica a las casas que hemos desglosado, como sigue:

●En la posición número 1: Binance, con un puntaje de 9.8

●En la posición número 2: CoinBase, con un puntaje de 8.8

●En la posición número 53: Cex.io, con un puntaje de 4.7

Los exchanges para criptomonedas son plataformas que permiten y dan la oportunidad a los usuarios y traders comprar y vender cripto-divisas, derivados y otros activos relacionados con las criptomonedas.

Hoy por hoy, hay una amplia gama y variedad de exchanges de criptomonedas para elegir, pudiendo seleccionar la que mejor cubra las expectativas del interesado, y todos tienen grandes ventajas en un aspecto u otro. Se recomienda conocer más sobre las mejores exchanges de criptomonedas y de esta manera seleccionar la que más ayude y cumpla los objetivos de inversión relacionados con el espectro cripto.

Para culminar este interesante apartado, globalicemos un poco con respecto a lo que significa Tradear, una actividad que está estrecha y totalmente ligada a esta dinámica comercial y financiera en la red.

Se califica de Trader a todo aquel individuo que cumple la función de inversor o especulador que realiza su actividad en los mercados financieros con el único propósito de generar o producir beneficios para sí en un corto, mediano o largo plazo.

Un trader puede desempeñar su labor de forma independiente o dedicarse a la actividad financiera de alguna entidad bancaria como Market Maker en las mesas comerciales de Front Office o de alguna tesorería.

Cualquier tipo de producto o modalidad de inversión puede constituir el espectro operativo de un trader, este puede ser al contado o futuro; productos de inversión, renta fija, materias primas, tipos de interés, divisas, criptoactivos, etc. Su disponibilidad y expe-riencia serán influyentes en su exposición frente a diferentes clases de activos que conformen el mercado financiero, pues cada mercado posee sus propias características.

Sobre la base de su poder adquisitivo, cada trader podrá definir sus propias reglas, normas y pautas de comportamiento y así efectuar su estudio bursátil, evaluando cuál será su ratio de riesgo-beneficio más apropiado y óptimo. Además, es conveniente saber ponderar que un inversor se hace trader a base de trabajo, experiencia, conducta (condición de gran importancia) y una apropiada gestión monetaria.

El agente inversor o trader aprobará sus propias determinaciones de inversión, teniendo en cuenta el análisis técnico y el análisis fundamental, o podrá tomar decisiones mediante sus sistemas automáticos de inversión que se ejecutan por sí mismos, creados a partir de reglas de precios programadas que invierten la mayoría de los casos, en lapsos muy cortos de tiempo. Esta modalidad de Trading es especial y se conoce como High Frecuency Trading (HFT).

Ahora bien, el Trading de criptomonedas o criptodivisas, presume invertir en torno a los movimientos de sus precios a través de una cuenta para trading, efectuar negociaciones de compra y venta de criptos subyacentes en un mercado de operaciones.

El trading de criptomonedas se orienta en tomar una posición financiera en el routing hacia el valor de una criptomoneda frente al dólar, en par de dólares/criptomonedas o cripto contra cripto, mediante pares. Los Contratos por Diferencia (CFDs), son una manera muy notoria de operar criptomonedas, pues estos permiten un mayor rango de flexibilidad, el uso de apalancamiento y la cabida de fijar posiciones de compra o venta, dicho en otras palabras; cortas o largas.

Si el inversor o trader asume que el precio de la criptomoneda va a caer, tomaría una posición de venta o iría corto. Ahora bien, si el inversor considera que el valor estará en aumento, tomaría posición de comprador o iría largo. Este procedimiento podría ser muy ventajoso considerando el hecho de que el mercado de criptomonedas está propenso a movimientos de precio muy agresivos. Es importante tomar en cuenta que la volatilidad incrementa el riesgo. Además de una moneda virtual, existen muchos riesgos que bien pueden afectar en negativo el futuro de alguna negociación.

. . .

CÓMO ALMACENAR Ethereum (Hablar de Binance, Trezor Wallet y Ledger Nano)

Se nos ha dicho desde niños que "Para correr, primero debemos caminar". ¡Sabias palabras! Pues bien, podemos aplicar una perfecta analogía en este caso a lo que se refiere el cómo almacenar criptomonedas.

Lo primero que vamos a necesitar antes de poder recibir un Ether, es tener dónde guardarlo; para ello es imperativo disponer de una billetera o wallet, como se le llama en el argot criptográfico. Se trata básicamente de un recurso de software que nos permitirá almacenar nuestros fondos virtuales, realizar operaciones y demás transacciones de manera muy sencilla, así como revisar y monitorear el saldo disponible.

Es de destacar que el funcionamiento de las billeteras de Ethereum no se corresponden con el uso de las típicas billeteras físicas convencionales. En realidad, los Ether como tal no estarán almacenados en una billetera como tal, en una cuenta bancaria o en algún otro lugar.

El Ether, al igual que cualquier otra moneda virtual conocida en el mundo, no existe en ninguna forma física o tangible. Lo único que existe en el espectro criptográfico, son solo registros en la Cadena de Bloques o Blockchain y la billetera creada únicamente podrá interactuar con la Blockchain que le permita habilitar las transacciones u operaciones que se desee efectuar exclusivamente dentro de la misma red.

Las wallets o billeteras tienen sus propias direcciones públicas, conformadas por cadenas de letras y números que distinguen entre mayúsculas y minúsculas. En caso de haber una persona que desea enviar Ether, lo hará a una dirección, la cual también es conocida como "clave pública", recurso este que básicamente es el encargado de transferir la propiedad de las criptomonedas de un punto a otro.

Una "clave privada" es lo que realmente se almacena en nuestra billetera virtual junto a una contraseña que será necesaria para cerrar transacciones y también para desbloquear las monedas disponibles y que tengamos dentro de la red. Como toda operación o recurso de carácter personal privado virtual, cualquier clave debe mantenerse celosamente guardada en secreto para así evitar la invasión no autorizada y posible desfalco de los fondos en Ether.

Las claves de acceso tanto públicas como privadas están emparejadas, lo cual quiere decir que para poder o lograr hacer una transacción, ambas cadenas de letras y números obligatoriamente deben coincidir.

La manera más sencilla de almacenar los Ether que se tengan, es tomando una billetera de terceros y hacerlo allí. Aclarando este escenario, por ejemplo; tomando una billetera que haya sido proporcionada por un intercambio. Así, se tendrá un acceso mucho más fácil a los fondos, y si se mantienen los tokens en dicho intercambio, esto será de gran ayuda para llevar a cabo cualquier tipo de operación de una manera más rápida.

Ahora bien, si se opta por esta metodología, es importante tener bien claro y comprender que se le estará otorgando el control total de los fondos al intercambio y ello justo por dar la posibilidad a un tercero de almacenar las claves privadas. Pero mucho cuidado, la historia reciente de las criptomonedas está saturada y se encuentra cargada de casos confirmados de intercambios fraudulentos y de robos en los cuales los usuarios lo han perdido todo.

La plataforma Ethereum permite a sus visitantes cree su propia billetera personal para uso privado y particular, pudiendo elegir entre gran variedad de opciones, de esta forma, únicamente el propietario tendrá y llevará el control total sobre su clave privada y por defecto, todo lo inherente al acceso y estatus de sus fondos digitales en la red.

En la plataforma Ethereum existen dos tipos o categorías de billeteras: Caliente y fría. Definamos.

• Billetera Caliente: Es aquella que almacena llaves privadas on line y que gozan de acceso muy fácil desde cualquier dispositivo y lugar del mundo prácticamente, solo será necesario contar con conexión a internet. Esta no es la mejor opción, ya que son muy vulnerables y sensibles a cualquier ataque invasivo, lo cual puede conllevar a que los fondos sean robados.

●Billetera Fría: Es aquella que almacena llaves privadas off line y únicamente se puede conectar a internet cuando el propietario empareja la billetera a una conexión.

No cabe la menor duda que esta última es la más segura y muy poco propensas a ser víctima de ataques de hackers o delitos informáticos.

Sobre almacenar Ethereum, comenzamos diciendo una expresión popular, ¿Recuerdas?... Pues bien, primero lo primero, y eso es crear tu propia billetera, algo que resulta ser relativamente bastante fácil, práctico y sencillo, más aún cuando es en especial la propia plataforma del mismo sistema el que nos proporciona el servicio. Se trata de MyEtherWallet, la billetera oficial proporcionada por Ethereum.

Ahora veamos como la configuramos. Primero que todo, debemos ingresar al sitio web de la cripto en cuestión prestando debida y minuciosa atención a los recordatorios de seguridad que aparecerán en la pantalla y nos irán dando la bienvenida.

Se sugiere tomar el tiempo necesario para ello, leer y analizar; pues son de gran utilidad para alcanzar una apropiada y mayor comprensión sobre el proceso que estamos próximos a continuar, sabiendo el funcionamiento del trámite, enterándonos de todo aquello que debemos hacer y lo que debemos evitar, solo así será posible dar debida protección a nuestros fondos.

Luego de avanzar en la lectura de las condiciones, consejos y sugerencias, nos vamos a encontrar con la opción que permitirá crear nuestra contraseña y dar inicio a la configuración de la nueva billetera. Ya creada una contraseña lo suficientemente segura, aparecerá el siguiente paso y es la descarga del archivo desde donde se acumulan las claves privadas para la billetera. Como todo registro de claves y la posibilidad de ser interceptados incluso desde intrusos incógnitos, siempre es aconsejable almacenar este archivo en un lugar seguro y secreto.

Sigue a continuación un paso muy significativo y de suma importancia, guardar la clave privada de nuestra wallet. Para ello es aconsejable realizar una copia de seguridad, memorizar, escribirla en un trozo de papel y guardarla en un lugar seguro de difícil acceso. Nos debemos esmerar en hacer todo lo necesario para garantizar que la clave estará en apropiado resguardo y que no habrá quien acceda a ella. Recuerda que estamos hablando de administrar los fondos económicos en criptomonedas y debemos evitar que terceros puedan acceder a ellos.

Hemos creado y configurado satisfactoriamente nuestra nueva billetera o wallet desde la plataforma proporcionada directamente por Ethereum en su portal MyEtherWallet. Ahora y la próxima que deseemos ingresar a nuestra billetera, lo único que tendremos que hacer es autorizarnos en la web site utilizando nuestras llaves de acceso. Desde allí tendremos la oportunidad de ver la dirección pública de nuestra billetera ya habilitada para recibir Ether, así como el saldo, movimientos y registros verificables en ella.

La guía de orientación que hemos desarrollado, está centrada en la configuración de la billetera o wallet Ether propia, más fácil y probablemente la más utilizada dentro del mercado y la industria virtual dedicada al cripto. Existen muchas y variadas cantidades de billeteras en la red, que cuentan y ofrecen una amplia gama de opciones. Aunque hay un principio común en todo ello; los procesos de instalación y configuración son algo particular en cada uno de los casos.

Almacenar con Binance

Recientemente, el 27 de abril de 2021 Binance lanzó al mercado digital una nueva billetera virtual como alternativa para utilizar y almacenar criptomonedas sin ningún tipo de dificultad, en formato sencillo y amigable. Una manera de acercar a sus usuarios un poco más adelante en la búsqueda de sus objetivos hacia la libertad del dinero.

Binance Chain es una wallet para dispositivos móviles nativa de Binance, la cual proporciona un espacio seguro y práctico para almacenar con facilidad fondos fuera de la plataforma Binance con múltiples funciones que garantizarán una experiencia única con operaciones en la red.

La utilización de Binance Chain es gratuita, mediante descarga de la App y sin ningún tipo de costos para su disponibilidad en tu dispositivo. A su vez y como productos afines a la gama de productos Blockchain, no se pagará comisiones y no las hay ocultas. La manera de pagar comisiones viene dada únicamente por transacciones de la red y otras comunes, sin embargo, Binance hace lo posible por minimizar gastos operativos.

Con la extensión para operar desde navegadores de Binance Chain, será posible realizar la transferencia de fondos seguros, inmediatos y confiables. Entre Ethereum y otros pares, aplica la función de transferencias entre cadenas para las Blockchains pertenecientes a Binance.

Desde la misma Binance Chain, la extensión también puede utilizada entre otros productos dentro de la plataforma, para autenticar transacciones sin que se haga necesario suministrar la llave privada o hacer inicio de sesión. Estas serán archivadas de forma segura en su lugar de almacenamiento y junto con una contraseña estarán encriptadas.

Para que esta unificación surta efecto, la extensión requiere incorporar códigos de conexión con la "aplicación web abierta en la pestaña" del navegador en conjunción con la extensión puesta en simultáneo. La extensión solicitará permiso para poder ingresar a cualquier página web page.

Siempre es importante conservar todas las claves y contraseñas, así como dispositivos externos a la plataforma web, en lugares seguros y confiables, alejados de posibles entes que generen inseguridad o en condiciones susceptibles de robo o pérdida. Los fondos digitales necesitan ser amparados en todo lugar y momento. Un ataque por parte de un hacker es posible, y si sucede; los fondos se darán por perdidos.

Almacenar con Trezor Wallet

Se trata de una de las principales wallets de criptomonedas desarrolladas en frío o Cold Storage. La empresa Satoshi Labs, fundada en el año 2013 por parte de Marek "Slush" Palatinus y Pavol "Stick" Rusnak en la República Checa; se encuentra respaldado Trezor Wallet, un importante dispositivo de almacenamiento para criptomonedas. En la actualidad su sede principal se encuentra en Praga, República Checa; lugar de su fundación, con capital humano de más de 50 trabajadores en su nómina oficial.

Al igual que cualquier otra wallet hardware, Trezor Wallet ofrece a su público y usuarios, un sistema de seguridad mayor que un wallet software, ya que sus claves personales son archivadas o almacenadas en un dispositivo físico y los fondos de sus suscriptores jamás están o entran en contacto directo con internet, por lo cual es prácticamente imposible que sean robados, mucho menos hackeados.

El sistema Trezor Wallet soporta un número muy amplio de monedas y tokens ERC20, más de 1000, lo cual le da la alternativa de tener todos los activos juntos y en un mismo lugar. Actualmente se cuenta con dos tipos o versiones disponibles de su aparato virtual: Trezor One y Trezor Model. Muy distante de su valor o precio de mercado, las principales diferencias se centran en la cantidad de criptomonedas que cada una de ellas, el formato de pantalla, la selección de botones en su menú y la posibilidad de hacer "Shamir BackUp" (copia de seguridad).

Trezor Wallet es una de las primeras en salir a la venta en el mercado digital, es de las que más unidades ha comercializado y cuenta con el mayor número de usuarios activos alrededor, contando en su haber un poco más de un millón suscrito en el mundo.

La mayoría de los foros, opiniones y comentarios emitidos sobre Trezor Wallet por parte de sus comunidades diversas, son muy positivos; destacando por encima de todo el tema seguridad del producto, su calidad de construcción y lo sencillo que resulta el proceso de configuración para su primer uso.

También se reciben quejas, por ser evidentemente un producto de consumo humano mediante la red virtual. La más común es la solicitud y obligatoriedad que debería haber de conectar la wallet directo con el ordenador para procesar operaciones con las criptomonedas, aunque esta novedad se da con todos los dispositivos dispuestos para tal fin.

Almacenar con Ledger Nano

Es Ledger Nano uno de los principales productores de carteras de hardware en el mundo. Las carteras de hardware (HW), representan muy probablemente la manera, forma y modalidad más segura, robusta y fuerte que se puede tener para almacenar criptomonedas como Ethereum, Bitcoin, NEO o cualquier otra moneda.

La manera en que las carteras de hardware llegan a su máxima seguridad es mediante el almacenamiento de su clave privada, muy lejos del alcance de los hackers u otros delincuentes informáticos que buscan apropiarse de sus fondos virtuales.

La configuración de clave privada se encuentra matemáticamente relacionada estrechamente con todas las direcciones de la cripto y las claves públicas generadas por ella. Esta clave será la encargada de "estampar" la firma de todas las transacciones fuera de la línea para que no haya intrusos que intenten atacar y violar la privacidad de su cartera remota.

La mayor cantidad o inventario existente de billeteras de hardware suelen utilizar también una segunda pantalla o dispositivo para corroborar las acciones de la billetera y firmar la transacción. De tal manera pues, que, si un hacker logra obtener el control sobre su procesador, no podrá hacer ningún daño, pues para ello también va a necesitar acceso al dispositivo físico que se conecta al ordenador del cliente.

Ledger Nano es un hardware wallet de almacenamiento que funciona normalmente como cualquier otro tipo de dispositivo similar. Debe ser conectado a una computadora, se elige el PIN y se recibe una frase de 24 de recuperación que le adicionará una capa de seguridad al monedero.

QUÉ ES el gas y por qué es tan importante para las transacciones

Gas es una unidad específica de medida que emplea Ethereum

para cuantificar el trabajo elaborado por su plataforma, en la ejecución de transacciones o cualquier tipo de interacción generada en la red. Gas es uno de los términos más utilizados y más vistos dentro del ecosistema Ethereum, una palabra que incluso los usuarios ven con frecuencia en sus operaciones o dentro de la interacción de sus Smart Contracts, preguntándose inclusive qué es.

Gas no es solo una unidad de medida, es primordial para todo cuanto ocurre, sucede y se da dentro de la plataforma Ethereum, el impacto en su ecosistema es amplio e inmenso. Veamos de manera práctica y sencilla, mediante un dinámico ejemplo; la importancia que tiene este término y su desenvolvimiento en la propia Blockchain de Ethereum.

Deseas comprar una nueva computadora, y para ello necesitas trasladarte en taxi. Sabiendo que tardarás 30 minutos para llegar a la tienda tecnológica y por cada minuto el taxímetro de la compañía High Service recarga un valor de 0,50 $, tienes la opción de utilizar los servicios de su competencia que lo hace por 0,40 $ requerirás entonces de entre 12 $ o 15 $ para llegar a tu destino.

Una situación similar ocurre en Ethereum. Cada proceso o paso de actividad en Ethereum representa un costo específico y sin variación que lo estipula gas, lo que es igual al caso del taxímetro por minuto recorrido.

Es evidente que las operaciones en Ethereum están constituidas por funciones mucho más pequeñas, cada una con un valor puntal de gas o tiempo estimado de recorrido, del cual la sumatoria total nos indicará el valor global final de gas por dicha operación, lo que es igual al tiempo total de ida a la tienda tecnológica saliendo desde casa. Ahora bien, dentro de Ethereum, ¿Cuánto es el total general a pagar por concepto de gas para llevar a cabo la operación en cuestión?

En nuestra analogía el traslado representa un costo variante de 12 $ a 15 $, pudiendo seleccionar con cuál compañía viajar para así ahorrar lo más que te sea posible. Algo bastante similar ocurre en Ethereum, gas tiene un precio estipulado en Ether que se crea según la oferta y la demanda de operaciones dentro de la plataforma Ethereum.

Esto quiere decir que el precio del gas en Ether será siempre variable, considerando que en este caso el usuario puede elegir el valor que pagará por ese gas, y si en la red existe un minero que se ve conforme con la oferta, procesará la transacción y la ejecutará. Así pues, podemos comprender que el concepto y la función de gas dentro de la plataforma Ethereum son de relevante utilidad e importancia.

Las cadenas de bloques o Blockchains que utilizan los protocolos de Prueba de Trabajo (Proof Of Work - PoW), tienden todos a funcionar bajo la misma condición. Siempre ha de pagarse una comisión para que una transacción se pueda realizar, luego esta será aceptada y cargada en una Blockchain, por un costo en beneficio a favor de los mineros que la tomarán e incluirán en un bloque.

Una vez incluida en dicho bloque, la transacción será confirmada y validada por la red, posteriormente las órdenes que se encuentren en las transacciones serán ejecutadas y finalmente se darán por aceptadas. Es esta una manera sencilla y válida de ver la PoW, lo cual se traduce en que para tener acceso a una red Blockchain, siempre se deberá un pequeño precio. Por lo general estos pagos son efectuados en unidades decimales de la moneda operativa en la Blockchain.

Es tal el caso de Bitcoin, en el cual cada transacción es pagada en satoshis, la unidad decimal más pequeña de esta criptomoneda. A continuación, su objetivo:

●Establecer un costo a toda transacción que se ejecute en la red. Manteniendo así los incentivos de funcionalidad de la red, una labor propia de los mineros.

● Conservar y garantizar la seguridad del sistema, evitando el ingreso indiscriminado a los recursos. Por sus altos costos, un hacker no se dedicaría a enviar spam o hacer DoS (ataque cibernético cuya finalidad es inhabilitar un sistema informático por un tiempo determinado saturando el acceso al mismo con numerosas peticiones ilegítimas), hacia la red, ya que le resultaría excesivamente costoso.

Lo antes expuesto aplica para Bitcoin y es igualmente válido para Ethereum, con la sola diferencia que los creadores de Ethereum buscaron un enfoque diferente a la resolución de este problema. La determinación de crear el mecanismo gas, obedece a que Ethereum no es en sí, una criptomoneda propiamente dicha, se trata de una amplia plataforma que funciona como un todo de forma análoga a un ordenador, conocido como Ordenador Blockchain.

Cada transacción en Ethereum es un pequeño programa, el cual le da instrucciones a la Ethereum Virtual Machine (EVM), para que esta máquina luego los traduzca como una acción o serie de ellas a realizar. Es en este plano donde Ethereum y su Ethereum Virtual Machine (EVM) resultan similares en funcionamiento a Bitcoin y su Bitcoin Script. La salvedad para Ethereum, es que está en una flexibilidad realmente mucho mayor.

Un detalle de relevancia es que en Ethereum, sus desarrolladores determinaron acreditar un valor invariable a las distintas y múltiples transacciones que puedan realizarse en su plataforma. Así pues, cada operación tiene un costo y un valor de gas ya concreto y determinado que no sufrirá variaciones, indistintamente a la fluctuación en la cotización del Ether, su moneda nativa.

El valor constante e invariable de gas se sustenta en que, si ciertamente el precio del Ether es volátil, los gastos computacionales de las operaciones se mantienen estables. Por tal razón, el staff de desarrolladores de Ethereum, pueden diferenciar, con la creación de gas; entre el coste computacional y verdadero valor de las operaciones en un momento determinado. Es tal su funcionalidad de este sistema, que permite a Ethereum y su red, se mantengan operativas constantemente, sin que les afecte la subida o bajada del Ether.

Veamos así, el caso en que un Smart Contract posea la función de "Consultar Saldo De Una Dirección", esta actividad en la red podría tener el valor de 1000 Gas, ese siempre será su valor. Quiere decir esto que la realización de esta operación en Ethereum, siempre ha de pagarse una muy pequeña comisión en Ether, inherente a la cantidad de gas empleada para lograr la realización de dicha acción en la Blockchain.

Todo lo expuesto anteriormente, nos hace resaltar tres aspectos vitales e importantes dentro de la plataforma Ethereum:

1.Unidad gas:

La unidad de gas está representada por la cantidad de gas posible a atribuir a una instrucción en particular, aunque sin valor monetario.

2.Precio de gas:

Es el pago por concepto de comisión que se da por cada unidad de gas. Es un precio elegido a pagar por cada unidad y se hace utilizando los decimales de Ether, Gwei. Esta comisión es la que le permitirá al usuario gozar de prioridad y más atención. Pagando más por cada unidad de gas utilizada, con más rapidez los mineros tomarán la transacción en cuestión y la llevarán a un bloque.

3.Límite de gas:

Es el valor representativo que determina la cantidad máxima de unidades de gas que la red Ethereum está en condición de negociar en un espacio de tiempo determinado. Es el límite máximo, el cual los mineros no podrán superar ni rebasar en ningún momento.

Queda claro acá que este es un proceso un tanto más complejo en comparación a lo que ocurre en el caso de Bitcoin y otras criptomonedas derivadas. La razón se fundamenta que en Ethereum, la Ethereum Virtual Machine (EVM), está acondicionada en manejar una cantidad específica de información. De tal manera que, para trabajar con dicho límite de información, ha sido diseñada y creada esta medida de trabajo, de esta forma se podrá controlar el nivel de trabajo computacional que, en un mismo tiempo, la red puede realizar.

Bien resulta conveniente saber cuánto es el límite o Gas Limit. Esto dependerá si se hace referencia a una transacción u operación con un bloque o Smart Contract.

1.21.000 unidades de gas es el Gas Limit de una transacción. Esto quiere decir que no habrá ninguna transacción ni operación sencilla en Ethereum que consuma un valor superior y que se ubique por encima de las 21.000 unidades de gas.

2.El Gas Limit de un Smart Contract es mayor y variable. La razón para que esto ocurra se basa en que los Smart Contracts son susceptibles de tener cierta y determinada complejidad en sus interacciones, lo cual implica y radica en un nivel de gas mayor. Por tendencia este Gas Limit, suele ubicarse entre los 130.000 y 145.000 unidades de gas.

3.8 Millones de unidades de gas, máximo valor establecido para el Gas Limit de un bloque. Esto significa que los mineros están en libertad de incluir la cantidad de transacciones e interacciones a través de Smart Contracts que les sea posible, tomando en cuenta que no podrán superar el límite de 8 Millones de unidades de gas.

En referencia a este tercer punto y su nivel máximo o de límite, resulta muy relevante; ya que brinda la posibilidad de tomar acción frente al "Halting Problem", problema computacional que permite estar en cuenta si un programa de computación se ejecuta en un bucle infinito, con tan solo tener los datos de entrada y programación.

Ante esta situación, se trazaría un problema delicado para la Blockchain que podría resultar en una denegación de servicios (DoS). Sin embargo, gracias a que Ethereum establece un Gas Limit preciso por cada bloque, no habrá alguna operación en esta plataforma que sea capaz de superar el límite prediseñado.

DOS

¿ETHEREUM, ETHEREUM CLASSIC O BITCOIN?

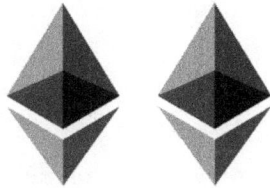

La existencia en el mercado de un producto, bien o servicio está sujeto a cambios; cambios o modificaciones que van desde el diseño, imagen, estructura o hasta de su propio nombre. La planificación y desarrollo de una nueva creación tiene desde su concepción una idea y un propósito, la intención de cumplir con ciertos objetivos y satisfacer las necesidades a las cuales va dirigida dicha creación.

Dentro de la criptogalaxia, el menú de opciones, marcas y submarcas que se despliega es gigantesco; las más de 7.000 monedas digitales existentes y la infinidad de productos, sistemas, programas y servicios que en ella podremos encontrar es tan amplio, que nos tomaría días, meses y años de investigación especializarnos en un solo ítem, el cual probablemente producirá modificaciones y más cambios en el desarrollo de nuestro proyecto. Es un vaivén de novedades, entendamos que no todo se mantendrá inerte una vez que vea la luz.

A continuación, conozcamos algunas de las marcadas diferencias que existen entre tres elementos partícipes e integrantes de esta gigantesca galaxia encriptada: Ethereum, Ethereum Classic y Bitcoin, los proyectos más grandes y de mayor impacto dentro de la comunidad Blockchain en el mundo y de esta manera comprender cómo ha sido el proceso y dinámica que le han impregnado el valor y la importancia de los cuales gozan hoy en día.

Comencemos por ver principalmente en qué se diferencian Ethereum vs. Ethereum Classic, veámoslas como dos criptomonedas distintas que comparten un origen común y algunos de los aspectos relacionados con el porqué de su diversificación.

Ethereum y Ethereum Classic fueron dos monedas virtuales exactamente idénticas hasta la creación y cierre del bloque 1.920.000, justo hasta el momento que tuvo lugar el Fork o bifurcación, un cambio en el protocolo de la moneda que estuvo destinado a retomar los token perdidos tras el hackeo hecho a la DAO (Organización Autónoma Descentralizada).

Esta medida se tomó con la intención de aportar una solución que la mayoría de la comunidad Ethereum adoptó con el propósito de recuperar y devolver a sus propietarios legítimos los Ether perdidos, 1 Ether por cada 100 DAOs, junto con un Smart Contract de carácter complejo. Producto de todo este suceso y como resultado a la solución; en lugar de que una de las monedas desapareciera como se creyó en un principio, ahora ambas continúan cotizando en la cadena de bloques o Blockchain.

Entre las diferencias más notorias que podemos encontrar entre Ethereum (ETH) y Ethereum Classic (ETC), tenemos que:

(*) Para el día 10 de mayo de 2021

ETHEREUM CLASSIC

ETH nace en el año 2015
ETH surge como moneda nativa
Sistema de desarrolladores de muy alto nivel
Se está moviendo al Proof of Stake con las próximas
No tiene un tope de emisión definido
Apoyo de e-marketing de alto impacto
Respaldada por grandes influencers y personalidades
Posición número 2 en el top de criptomonedas
Alto valor en su cotización
Capitalización de 41.801.443.830,00 $
Mejores actualizaciones en la red Ethereum
ETC nace en el año 2016
ETC surge producto de un posible hackeo
Sistema de desarrolladores en crecimiento
Posee un algoritmo de consenso Proof of Work
Tendrá un tope de emisión entre 210 y 230 millones
Apoyo de e-marketing iniciado
Respaldo de figuras menos conocidas
Posición número 16 en el top de criptomonedas*
Bajo valor con respecto a ETH
Capitalización de mercado de 600.788.003,00 $
Actualizaciones inferiores a ETH

ESTAS VENDRÍAN A SER las diferencias más resaltantes de momento, ya que en esencia son producto de una misma plataforma con un mismo principio, solo que como medida de emergencia se debió tomar acción ante el escandaloso desfalco ocurrido el 17 de junio de 2016 por un monto de 56.196.000,00 $ USD, representados aproximadamente por 3.600.000,00 ETH a un valor de 15,61 la unidad.

Considerando la premisa de que ambas monedas podrían considerarse "hermanas" y sobre la base de sus propias diferencias en forma y acción, procederemos seguidamente a ver en una misma referencia, cuáles serían en consecuencia las principales diferencias entre las criptomonedas más grandes de la red y que ocupan los dos primeros lugares en el top de cotizaciones.

¿Algo más sobre diferencias Ethereum Classic vs. Ethereum?

Aunque el ETC de Ethereum Classic tiene valor como un activo digital especulativo que los inversores pueden comerciar, el ETH de Ethereum se considera el más legítimo y el más comercializado.

A principios de 2021, la Bolsa Mercantil de Chicago (CME) aprobó la negociación de futuros de éter. Solo se han aprobado Bitcoin y Ether para tales transacciones. Los futuros son contratos de derivados sobre un valor subyacente con un precio fijo y una fecha de vencimiento. Los futuros de Ether permiten a los inversores negociar Ether por especulación, pero también para cubrir una posición destacada en ETH o quizás en otras criptomonedas.

Podemos determinar cómo la comunidad inversora a ETC frente a ETH analizando cuánto capital o dólares de inversión se están comprometiendo con las dos monedas. Al comparar las dos capitalizaciones de mercado de las dos criptomonedas, ETH es el claro ganador. La capitalización de mercado de una criptomoneda se calcula multiplicando el precio de la moneda, basado en una moneda fiduciaria como el dólar estadounidense, por las monedas o tokens en circulación.

ETC tiene 116,3 millones de monedas en circulación con una capitalización de mercado de 10,9 mil millones de dólares, mientras que ETH tiene aproximadamente 115,6 millones en circulación y una capitalización de mercado de más de 464,12 mil millones de dólares. ETC cotiza a 93,82 $ mientras que ETH cotiza a más de 4.012,00 $ por moneda al 13 de mayo de 2021.

Aunque ambas redes ofrecen contratos inteligentes, el potencial de las preocupaciones de seguridad mencionadas anteriormente en torno a ETC probablemente empujará a los inversores a invertir en ETH y adoptar los contratos inteligentes de Ethereum frente a los de Ethereum Classic.

Entendiendo Ethereum Classic

Ethereum Classic facilita la ejecución de contratos inteligentes al ofrecer el beneficio de una gobernanza descentralizada. En otras palabras, los contratos se pueden hacer cumplir sin la participación de un tercero, como un abogado.

Los contratos inteligentes son similares a las declaraciones si-entonces, lo que significa que, si las acciones requeridas dentro del contrato se han cumplido, entonces se completarán los parámetros del contrato de respuesta. Si los parámetros del contrato no se han cumplido, entonces puede haber una multa, una tarifa o el contrato puede ser anulado, dependiendo de los términos establecidos al inicio del contrato.

Por ejemplo, en una transacción de bienes raíces, si el contrato establecía que se debía pagar un depósito por adelantado en una fecha determinada y no se recibían los fondos, el contrato podría anularse. Los contratos inteligentes están contenidos dentro de un libro mayor distribuido o una red Blockchain. Un libro mayor distribuido es un libro mayor de transacciones y contratos, que se mantienen y mantienen de manera descentralizada en varias ubicaciones.

El acuerdo entre un comprador y un vendedor está escrito en líneas de código dentro del contrato inteligente, que es autoejecutable, según los términos del contrato. Como resultado, no hay necesidad de supervisión externa o censura por parte de una autoridad central, ya que el código controla la ejecución del contrato.

A manera de objetivos para Ethereum Classic

Desde la división, ha habido muchas actualizaciones y mejoras en el proyecto Ethereum Classic. El objetivo del proyecto sigue siendo trabajar para convertirse en una red de pago global utilizando contratos inteligentes que puedan funcionar sin una gobernanza centralizada.

Al igual que con otras criptomonedas, Ethereum Classic probablemente continuará esforzándose por ser un almacén digital de valor, lo que significa que se puede guardar e intercambiar sin perder su valor. La reserva digital de valor para una criptografía incluye su poder adquisitivo que puede convertirse rápidamente en efectivo o usarse para comprar otro activo, similar al dinero.

Posibles Limitaciones de Ethereum Classic

Aunque tanto Ethereum como Ethereum Classic ofrecen contratos inteligentes y buscan el mismo mercado, Ethereum ha ganado popularidad como la más legítima de las dos redes. Además, el ETH de Ethereum es solo superado por Bitcoin como la criptomoneda más popular del mundo.

Una de las principales preocupaciones de Ethereum Classic son las posibles limitaciones cuando se trata de escalabilidad. Por lo general, la red puede manejar 15 transacciones por segundo, pero ese número es mucho menor que las redes de pago como Visa, que maneja más de mil transacciones por segundo. Aunque Ethereum Classic ha pasado por muchas actualizaciones de software, la escalabilidad de sus sistemas de pago sigue siendo uno de sus mayores desafíos en el futuro.

Además, es probable que la seguridad siga siendo un problema con los contratos inteligentes, particularmente porque Ethereum Classic ya ha experimentado un hack y un robo de millones de dólares. Estas preocupaciones podrían potencialmente evitar que los contratos inteligentes a través de Ethereum Classic se utilicen en importantes transacciones financieras e inmobiliarias.

Las regulaciones del mercado de las criptomonedas continúan desarrollándose, lo que puede cambiar o no el funcionamiento de Ethereum Classic y otras redes. Por ejemplo, la Comisión de Bolsa y Seguridad (SEC) no considera los valores de Ethereum o Bitcoin debido a sus redes descentralizadas.

Sin ser considerados un valor, algunos criptos pueden tener desafíos para ser aprobados para su inclusión en varios productos financieros que contienen una canasta de valores, acciones y bonos, como fondos negociables en bolsa y fondos mutuos. En el futuro, sigue habiendo incertidumbre en torno al panorama regulatorio de Ethereum Classic, así como de otras redes Blockchain menos populares.

Ethereum Classic y su futuro

El futuro de Ethereum Classic parece menos brillante que Ethereum, ya que Ethereum se considera la más legítima de las dos redes, especialmente con las preocupaciones de seguridad de Ethereum Classic.

Los inversores han perdido la confianza en ETC a lo largo de los años debido a ataques al sistema, y hasta que ETC pueda volver a desarrollar su código y software para evitar futuros ataques, Ethereum Classic puede tener desafíos por delante. Sin embargo, queda por ver cómo se desarrollarán los contratos inteligentes dentro del proyecto Ethereum Classic y si se pueden adoptar para un uso generalizado.

Entre Bitcoin y Ethereum nos encontramos con los siguientes aspectos diferenciales:

Sus creadores

Bitcoin fue creada por una entidad identificada como Satoshi Nakamoto de quien no se tiene ubicación, rasgos físicos o algún tipo de contacto personal. Se cree que Nakamoto podría ser un grupo de desarrolladores quienes bajo este pseudónimo crearon Bitcoin, la tecnología Blockchain y el concepto de criptomonedas.

Ethereum fue creado por un gran equipo de desarrolladores liderado por el joven Vitálik Buterin, un precursor y emprendedor quien tuvo la visión inicial de un proyecto magno y ambicioso, con estructura más compleja y amplia que Bitcoin, intentando dar un giro y transformación al mundo de las criptomonedas con la puesta en escena de los Smart Contracts de Turing Completo.

Buterin es una persona mundialmente conocida, figura pública y relacionista social que constantemente emite opiniones y entrevistas sobre Ethereum y su crecimiento.

Inversión de desarrollo

El desarrollo de Bitcoin fue completo y totalmente libre, sin ningún tipo de interés o inversión económica inicial. Tan es así, que Satoshi Nakamoto desarrolló su propio software sin acudir a solicitar préstamos o colectas de fondos para soporte de creación. De hecho, el

Core inicial que participó en el avance de Bitcoin, lo hizo sin recibir ningún tipo de pago por su labor.

El caso y situación previa a la fundación de Ethereum es muy diferente. Sus inicios de desarrollo se vieron amparados y sustentados por una recaudación de fondos económicos que logró alcanzar la suma de 18 millones de dólares a través de una Oferta Inicial de Monedas o ICO (Initial Coin Offering). Esto le dio a Ethereum el título de primera cripto ICO en el mundo, una de las pocas surgidas bajo este proyecto, alcanzando éxito y crecimiento bastante claros y muy bien definidos.

Descentralización

La criptomoneda más descentralizada que existe en todo el mundo es el Bitcoin, además de ser la red con el mayor número de nodos, más mineros globales, desarrolladores, forks y potencia de cálculo.

El proyecto Ethereum es una plataforma que en sus inicios vio comprometida su reputación al quebrantar la firmeza e inmutabilidad de la Blockchain, al reiniciar parte importante de su presencia en la red con la intención de recuperar los fondos extraídos de la organización DAO tras un robo efectuado a la misma. Acciones estas, realizadas bajo una serie de acciones impugnables y trajo como consecuencia la división de la comunidad y la Blockchain, generando una nueva criptodivisa: ETC Ethereum Classic.

Precio de la moneda

Resulta ser el primer elemento diferenciador apreciable a simple vista entre ambas monedas. Bitcoin se ha mantenido en la cúspide de la cotización desde siempre, condición que le imprime carácter, respeto, madurez y un privilegio que le genera desde la red; confianza, un inventario de usuarios mayor a otras monedas y presencia comercial de destacado valor.

Por su lado Ethereum, representado por su token Ether, tiene un precio mucho menor; el cual, aunque ha venido en crecimiento se mantiene muy por debajo de Bitcoin. Son muchos los usuarios impactados por el preocupante hecho de que los tokens de los Smart

Contracts de Ethereum tienen una ponderación muy superior que la moneda misma (Ether) que los representa en Blockchain.

No obstante, el error común que cometemos con frecuencia es fijarnos en el precio y no en la capitalización.

Emisión de monedas

En este punto, Bitcoin como criptomoneda; está destinada a una existencia finita, ya que su emisión de monedas ha sido establecida para un total de 21 millones de Bitcoins, cantidad esta que nunca podrá superar. Es de considerar que la emisión de Bitcoins cada día la acerca más a su momento final como moneda, hasta llegar a "0", posiblemente en el año 2140. Por ello se trata de una moneda deflacionaria.

Por su parte Ethereum tiene en su haber una emisión total inflacionaria y emisión infinita de monedas en general. Este segundo aspecto es un centro de discusión frecuente en la comunidad, sin que exista un consenso sobre lo que se deba hacer.

Sumado a esto, Ethereum maneja un control de inflación para evitar que esta se produzca y alcance niveles superiores al 2% anual, considerando del total de monedas activas dentro de la red. Esto es viable y posible, dado que la generación de monedas por bloque resulta ser baja, representando 2 Ether cada 15 segundos por bloque minado en promedio.

Minería de criptos

Una característica muy grande para diferenciar a Bitcoin de Ethereum es el proceso de minería. Debemos destacar en primer lugar que Bitcoin utiliza el renombrado formato Prueba de Trabajo (Proof of Work – PoW), empleando el algoritmo HashCash y la avanzada función hash SHA-256 para efectuar el trabajo computarizado. Este es un modelo de minería que actualmente solo puede ser efectuado con la utilización de mineros ASIC por la carga de poder computacional que solo Bitcoin posee en la red.

Otra condición que remarca la diferencia entre ambas monedas es que cada 10 minutos se completa y genera un nuevo bloque, cada 2016 bloques se aplican ajustes de dificultad y tiene un halving (división a la mitad) cada 210.000 bloques cada 4 años en promedio. Para la fecha, la producción de monedas por cada bloque minado es 6,25 BTC.

Ethereum por su parte, utiliza la misma Prueba de Trabajo (PoW) a través de un algoritmo de nombre Dabber-Hashimoto (Ethash) en conjunción con la función de hash Keccak, función muy parecida a SHA. La minería en Ethereum tienen un uso de memoria intenso, por lo en un principio se hacía muy resistente a ASIC, condición operativa que fue superada en 2018 cuando surgió el primer ASIC para ETH, el hoy conocido AntMiner E3. Adicional a ello, la minería en Ethereum sigue siendo posible con la utilización GPUs, algo que no aplica y no es compatible con Bitcoin.

Otras características resaltantes y diferentes en operatividad que tiene Ethereum es que cada 10 a 20 segundos genera un nuevo bloque, sus ajustes de dificultad se ejecutan de manera continua y no tiene propiamente dicho un sistema de halving, ya que su valor de emisión decrece conforme a un consenso logrado en comunidad. Actualmente, la generación de criptomonedas por cada nuevo bloque minado en Ethereum es de 2 Ether.

Manejo de comisiones

Bitcoin tiene un punto muy particular y diferente, con respecto a Ethereum de cómo y sobre la modalidad de manejar sus comisiones de minería. Estas toman en cuenta valores como la complejidad de la misma según el número de entradas y salidas, pues esta situación repercute en la dimensión de espacio utilizado por la transacción. El precio de la transacción y su respectiva comisión a pagar, están determinadas por el espacio ocupado y dictadas por la oferta y demanda que los mismos usuarios generen, según la fluidez de la red.

Lo anterior significa, que, si la red se encuentra muy congestionada, la gran demanda de transacciones producirá que la oferta de espacio de los bloques sea exigua para dar atención a todos. En caso contrario, los mineros le darán prioridad a quienes paguen más satoshis por byte de fee. Si se quiere ser confirmado para el siguiente bloque, habrá que pagar una comisión más atractiva. Quienes paguen menos serán considerados y procesados cuando la sobrecarga sea menor.

A continuación, el enunciado que determina el monto a pagar por comisiones:

Costo TX (BTC) = (TX en Bytes * Precio por Byte de la red) * Costo BTC

En el esquema de comisiones de Ethereum no se habla de almacenamiento, se habla de Gas, o lo que es igual a decir: Potencia de cómputo a consumir. El Gas es una unidad de medida utilizada en Ethereum para cuantificar la cantidad de potencia de cómputo que tomará tramitar una acción específica dentro de la Máquina Virtual de Ethereum, Ethereum Virtual Machine (EVM). Esta medida de Gas tiene sus propias limitaciones, tal es el caso que una transacción normal no puede consumir más de 21.000 UG (Unidades de Gas), en cambio los Smart Contracts son, en este sentido; ilimitados virtualmente.

Las unidades de Gas están representadas por un costo que se mide en Gwei (la unidad de valor decimal del Ether). Para determinar el monto total a pagar por concepto de transacción, se plantea una fórmula entre el total de Gas que requiere la operación, que será igual al costo de la unidad de Gas por Gwei, multiplicado por el valor del Ether. A saber:

Costo Tx (ETH) = ((Gas TX * Costo Gas) *0,00000001) * Costo Ether

Como se puede apreciar, la formulación y manejo de comisiones en ambas criptos es muy diferente, aunque todas llegan finalmente a manos de los mineros.

Smart Contracts - Contratos Inteligentes

Considerada como una de las diferencias más relevantes por su peso, robustez y enorme potencial entre Bitcoin y Ethereum, están los Smart Contracts (Contratos Inteligentes). Sin embargo, antes de comenzar a especificar estas diferencias; ofreceremos un breve concepto sobre Smart Contracts.

Un contrato inteligente se refiere a un contrato que se ejecuta por sí mismo sin la participación o que intermedien terceros y se "redacta" tal cual, como un programa o software informático, en lugar de hacerse por medio de los métodos tradicionales, impreso y con lenguaje textual legal. Los ordenadores desempeñan un papel muy importante para los Smart Contracts.

No se trata exclusivamente de archivar alguna documentación de forma digital o permitir una firma electrónica, como tradicionalmente se ha venido realizando, sino que estos programas efectúan y realizan análisis activando cualquier parte del documento, aplicando su lógica interna.

La creación de Bitcoin se materializó con una funcionalidad de estos contratos muy limitada, y a la cual es factible aprovechar todo su potencial gracias al Bitcoin Script. Este ambiente tiene una serie de OP_CODES que se procesan por medio de los nodos y admiten la programación de lógicas en la ejecución misma de la transacción, funcionalidad que le otorgó a Bitcoin el calificativo de dinero programable.

Bitcoin Script es un lenguaje informático mucho más limitado que Ethereum, principalmente porque este no es un Turing Completo (capacidad que permite a un ordenador, poderse programar para realizar cualquier tipo de operación). Adicional a ello, no dispone de un lenguaje propio en forma nativa intermedio que facilite el desarrollo, lo que redunda en un asunto bastante complejo para programar sistemas avanzados.

Esta debilidad evidente en Bitcoin, fue aprovechada como una gran oportunidad para Ethereum y así, de esta manera hacerse con un nicho. Esto le abrió las puertas y estableció su Ethereum Virtual Machine (EVM), una poderosa máquina virtual capaz de ejecutar comandos con una capacidad Turing Completo excepcional. Cuenta con un lenguaje muy similar al JavaScript, de esta manera todo programador tendrá la capacidad y posibilidad de desarrollar scripts (Smart Contracts) para impulsar hacia su Blockchain.

Gracias a todo ello, Ethereum obtuvo como resultado, ser la plataforma capaz de desplegar todo tipo de aplicaciones descentralizadas, usadas a través de DApps por excelencia. Sin embargo, no queda libre de ciertas limitaciones, y, aun así; Ethereum lleva una destacada ventaja, tan amplia que le ha permitido aprovecharla ampliamente para desarrollar un extenso ecosistema de aplicaciones descentralizadas enfocadas en la industria financiera

(DeFi) Decentralized Finance. Un sector de la red surgimiento bien podría llegar a convertirse en el preámbulo de la masificación para las criptomonedas.

Ante todos estos grandes pasos dados por Ethereum, Bitcoin no ha sido un simple espectador, en la actualidad cuenta con diversos propósitos que apuntan a aportar por desarrollar un Ecocriptosystem de Smart Contracts Turing Completo. Todo ello y mucho más con la intención de que se amplíe el rango potencial de la red.

Algo más sobre diferencias entre Ethereum y Bitcoin

Ether (ETH), la criptomoneda de la red Ethereum, es posiblemente el segundo token digital más popular después de Bitcoin (BTC). De hecho, como la segunda criptomoneda más grande por capitalización de mercado, las comparaciones entre Ether y BTC son naturales.

Ether y Bitcoin son similares en muchos aspectos: cada uno es una moneda digital que se negocia a través de intercambios en línea y se almacena en varios tipos de billeteras de criptomonedas. Ambos tokens están descentralizados, lo que significa que no son emitidos ni regulados por un banco central u otra autoridad.

Ambos hacen uso de la tecnología de contabilidad distribuida conocida como Blockchain. Sin embargo, también existen muchas distinciones cruciales entre las dos criptomonedas más populares por capitalización de mercado. A continuación, analizaremos más de cerca las similitudes y diferencias entre Bitcoin y Ether.

Consejos claves

●Bitcoin marcó el surgimiento de una forma radicalmente nueva de dinero digital que opera fuera del control de cualquier gobierno o corporación.

●Con el tiempo, la gente comenzó a darse cuenta de que una de las innovaciones subyacentes de Bitcoin, la cadena de bloques, podría utilizarse para otros fines.

•Ethereum propuso utilizar la tecnología Blockchain no solo para mantener una red de pago descentralizada, sino también para almacenar código de computadora que se puede usar para alimentar aplicaciones y contratos financieros descentralizados a prueba de manipulaciones.

•Las aplicaciones y contratos de Ethereum funcionan con Ether, la moneda de la red Ethereum.

• Ether estaba destinado a complementar en lugar de competir con Bitcoin, pero, no obstante, se ha convertido en un competidor en los intercambios de criptomonedas.

Conceptos básicos de Bitcoin

Bitcoin se lanzó en enero de 2009. Introdujo una idea novedosa expuesta en un libro blanco por el misterioso Satoshi Nakamoto: Bitcoin ofrece la promesa de una moneda en línea que está asegurada sin ninguna autoridad central, a diferencia de las monedas emitidas por el gobierno.

No hay Bitcoins físicos, solo saldos asociados con un libro mayor público protegido criptográficamente. Aunque Bitcoin no fue el primer intento de una moneda en línea de este tipo, fue el más exitoso en sus primeros esfuerzos, y ha llegado a ser conocido como un predecesor de alguna manera de prácticamente todas las criptomonedas que se han desarrollado durante la última década.

A lo largo de los años, el concepto de moneda virtual descentralizada ha ganado aceptación entre los reguladores y los organismos gubernamentales. Aunque no es un medio de pago o depósito de valor reconocido formalmente, la criptomoneda ha logrado hacerse un hueco por sí misma y continúa coexistiendo con el sistema financiero a pesar de ser examinada y debatida regularmente.

Conceptos básicos de Ethereum

La tecnología Blockchain se está utilizando para crear aplicaciones que van más allá de solo habilitar una moneda digital. Lanzado en julio de 2015, Ethereum es la plataforma de software descentralizada abierta más grande y mejor establecida.

Ethereum permite que la implementación de contratos inteligentes y aplicaciones descentralizadas DApps se construyan y ejecuten sin tiempo de inactividad, fraude, control o interferencia de un tercero. Ethereum viene completo con su propio lenguaje de programación que se ejecuta en una cadena de bloques, lo que permite a los desarrolladores crear y ejecutar aplicaciones distribuidas.

Las aplicaciones potenciales de Ethereum son de amplio alcance y están impulsadas por su token criptográfico nativo, Ether (comúnmente abreviado como ETH). En 2014, Ethereum lanzó una preventa de Ether, que recibió una respuesta abrumadora. Ether es como el combustible para ejecutar comandos en la plataforma Ethereum y los desarrolladores lo utilizan para crear y ejecutar aplicaciones en la plataforma.

Ether se usa principalmente para dos propósitos: se comercializa como moneda digital en los intercambios de la misma manera que otras criptomonedas, y se usa en la red Ethereum para ejecutar aplicaciones. Según Ethereum, "personas de todo el mundo utilizan ETH para realizar pagos, como reserva de valor o como garantía".

Diferencias clave

Si bien las redes de Bitcoin y Ethereum se basan en el principio de los libros de contabilidad distribuidos y la criptografía, las dos difieren técnicamente de muchas maneras. Por ejemplo, las transacciones en la red Ethereum pueden contener código ejecutable, mientras que los datos adjuntos a las transacciones de la red Bitcoin son generalmente solo para llevar notas.

Otras diferencias incluyen el tiempo de bloqueo (una transacción de éter se confirma en segundos en comparación con los minutos de Bitcoin) y los algoritmos en los que se ejecutan (Ethereum usa Ethash mientras que Bitcoin usa SHA-256).

Sin embargo, lo que es más importante, las redes de Bitcoin y Ethereum son diferentes con respecto a sus objetivos generales. Si bien Bitcoin se creó como una alternativa a las monedas nacionales y, por lo tanto, aspira a ser un medio de intercambio y un depósito de valor, Ethereum fue concebido como una plataforma para facilitar contratos y aplicaciones inmutables y programáticas a través de su propia moneda.

BTC y ETH son monedas digitales, pero el propósito principal de Ether no es establecerse como un sistema monetario alternativo, sino más bien facilitar y monetizar el funcionamiento del contrato inteligente Ethereum y la plataforma de aplicaciones descentralizadas Dapps.

Ethereum es otro caso de uso para una cadena de bloques que admite la red Bitcoin y, en teoría, no debería competir realmente con Bitcoin. Sin embargo, la popularidad de Ether lo ha empujado a competir con todas las criptomonedas, especialmente desde la perspectiva de los comerciantes. Durante la mayor parte de su historia desde el lanzamiento de mediados de 2015, Ether ha estado muy cerca de Bitcoin en las clasificaciones de las principales criptomonedas por capitalización de mercado.

Dicho esto, es importante tener en cuenta que el ecosistema de Ether es mucho más pequeño que el de Bitcoin: en enero de 2020, la capitalización de mercado de Ether era un poco menos de $ 16 mil millones, mientras que la de Bitcoin es casi 10 veces mayor que la de más de $ 147 mil millones.

ETHEREUM CLASSIC, el fork de Ethereum

Ethereum Classic ETC, llega al mercado de Blockchain un año después de ser creado Ethereum, luego de la aplicación de una bifurcación Hard Fork, favorecida por la comunidad Ethereum. Hagamos un breve recuento.

Esta aplicación se activó el 17 de junio de 2016 con el inmediato propósito de recuperar y solventar un penoso suceso que sufrió la comunidad, cuando esta fue víctima de un robo estimado en más de 3.600.000,00 ETH, los cuales estaban y se encontraban muy bien resguardados por el proyecto. La Organización Autónoma Descentralizada (DAO), por sus siglas en inglés, la aplicación de este hard fork, fue la que fraccionó a la comunidad Ethereum entre todos quienes la conformaban, detractores y benefactores.

Dado la magnitud de este millonario desfalco por un poco más de 56 millones de dólares, la mayoría de quienes constituían la comunidad dieron su aprobación para ejecutar dicha Hard Fork, la cual terminó en una división de Ethereum en dos Blockchain. Creando una que retornó a sus dueños los fondos sustraídos, y que ahora se conoce con el nombre de Ethereum, y conservando la otra, la Blockchain original, lugar donde los fondos robados no fueron removidos y en la cual su historia continuó su curso con total normalidad. Esta Blockchain recibió el nombre de Ethereum Classic.

Indistintamente a que, entre estos dos grandes proyectos, existen marcadas y puntuales diferencias que bien dejan en claro muchos aspectos en pro y en contra de funciones, según la apreciación de sus comunidades y demás usuarios; ambas tienen un interesante factor común: Hacerse la más efectiva y poderosa plataforma Blockchain descentralizada del mundo. Plataformas con capacidad de ejecutar contratos inteligentes sin intermediarios, estafa o censura.

Con el fin de alcanzar estos objetivos, Ethereum Classic busca afianzar su sistema tecnológico en todo lo que logró heredar de Ethereum, construyendo también su propia estructura con respaldo de un desarrollo comunitario y abierto, respetando las bases filosóficas de su comunidad. Sus pautas y condiciones se encuentran en su Manifiesto Cripto-Descentralista, en su Declaración de Independencia donde expresa: "El Código Es La Ley".

De la misma manera como ocurre con otras criptomonedas, el valor de cada Ether viene proporcionado por la Blockchain o cadena de bloques, una secuencia de registros en constante crecimiento que reciben el nombre de bloques, los cuales están vinculados y asegurados a través de un sistema criptográfico. Según el formato de su patrón, la cadena de bloques es sustancialmente resistente a la modificación de los datos.

Ethereum Classic opera mediante la utilización de cuentas y saldos bajo un esquema de transacciones de estado a diferencia de Bitcoin. Esta dinámica no dependerá de las salidas de las transacciones no grabadas. El estado expresó los saldos actuales de cada cuenta y sus datos adicionales. El estado no será archivado ni almacenado en la cadena de bloques, se administra en un árbol "Merkle Patricia Separado".

Todas las claves o direcciones públicas y privadas que puedan usarse para recibir o gastar Ether, son almacenadas por una billetera de criptomonedas. Los Ether se podrán generar por medio de mnemotécnicos de estilo BIP 39 para una "billetera HD", BIP 32. En la tecnología Ethereum, esto resulta innecesario, ya que no opera en un sistema UTXO. Con una clave privada, es bastante posible escribir en la Blockchain, dando efectividad a una transacción.

Para hacer el envío de Ether a una cuenta, se requiere el uso del hash Keccka-256 de la clave pública para dicha cuenta. Todas las cuentas de Ether son pseudónimos en el sentido de que ellas no están vinculadas a personas particulares, sino a una o más direcciones específicas.

Sobre el surgimiento de Ethereum Classic, cuyo recorrido y existencia coincide en estrecha relación con Ethereum, dado que ambas se alojaron en junio de 2016 tras el ya mencionado hackeo de ese momento, vale destacar que, entre las muchas consecuencias, una fue la leve pero significativa caída del valor del Ether y la determinante decisión de sacrificar una de sus más importantes características, su "inmutabilidad". La más delicada, pues la mayor parte de quienes conformaban para entonces su comunidad, no aprobaban esta inminente salida o solución que permitiría el reintegro de fondos ilegalmente sustraídos.

La solución que el mismo creador de Ethereum, Vitálik Buterin propuso y sobre la cual estaba a favor y convencido de su infalible efectividad, era iniciar la reversión. Buterin quería y formulaba extraer los fondos DAO con seguridad y confiabilidad para volverlos a convertir en Ether.

Solo con iniciar la reversión se conseguirían los resultados espera-
dos. Una minoría de participantes en la comunidad no veían en el
sacrificio de la inmutabilidad de la red, la medida más adecuada.
Tanto es así, que estaban convencidos de que lo mejor y más conveniente ante esta situación era continuar sin realizar ningún tipo de
reversión en las operaciones, ni siquiera en las propias que detonaron
la vulnerabilidad para perpetrar el robo o la gran estafa de la cual
estaban siendo objeto.

Luego que tuviera lugar una brecha en la comunidad de Ethereum, se tomó la decisión definitiva de accionar una bifurcación dura
(Hard Fork) a la Blockchain. El resultado estaba predicho y era
evidente, se generó una nueva cadena, teniendo entonces dos, las
cuales seguirían sus rumbos independientes, una de otra.

Las cadenas

Ethereum, la protagonista de la bifurcación dura sometida a un
suceso del cual se creía era casi imposible que sucediera en la red una
situación fraudulenta como la ocurrida

Ethereum Classic, que renacía como producto de la hard fork o
bifurcación, alternativa de solución la cual mantendría toda la estructura original concebida en la creación de esta plataforma; garantizó a
la comunidad su esencia de inmutabilidad y la resistencia a la
censura.

TRES

LOS SMART CONTRACTS Y EL FUTURO DE LA TECNOLOGIA

Ya estás familiarizado con el término, lo hemos mencionado en varias ocasiones y lo has leído en distintos párrafos, y sobre él se han hecho ciertas referencias que nos dan una idea básica de lo que son y su utilidad. Seguramente cuando escuchas, ves o lees la palabra "contrato", viene a tu mente algo que representa respeto constituido por una serie de condiciones que se deben cumplir y hacer cumplir, abogados, redactores, documentos físicos y cantidad de firmas. Pues bien, veamos ahora qué son estos Smart Contracts (Contratos Inteligentes).

Hagamos primero un breve repaso de su historia. Entre los años 70's y 80's surgió un grupo de expertos y conocedores informáticos quienes se propusieron la idea de crear e implantar nuevos mecanismos de mercado por medio de un sistema de subastas o ventas en el campo de la computación, como el ambiente para desarrollar y presentar la oferta comercial, una nueva forma de vender. A la par, la Criptografía Pública (método criptográfico conformado por un par de claves para compartir mensajes), se hacía un gran terreno por demás valioso; frente a lo que se convertiría en la técnica de avanzada sobre seguridad en la red.

Ahora bien, el término Smart Contracts fue establecido por el científico informático, jurista y criptógrafo Nick Szabo a inicios de la década de 1990 con el fin acentuar y ponderar su objetivo de único de trasladar aquello que Szabo llamada prácticas "altamente evolucionadas" de la ley de contratos y los ejercicios comerciales afines, hacia el diseño de protocolos de "Comercio Electrónico" entre desconocidos dentro la red virtual; Internet.

Mucho antes de aparecer la Cadena de Bloques o Blockchain, no había en la red ninguna plataforma que tuviera la capacidad de realizar o producir un contrato inteligente, este solo existía y estaba descrito de forma conceptual. Un ejemplo en sí de lo que es un contrato inteligente lo tenemos en Bitcoin, quien es propiamente dicho un Smart Contracts, en el cual las reglas del juego están claramente definidas y son aceptadas por sus participantes.

Por otro lado, Ethereum, importante y renombrada plataforma admite la creación de Contratos Inteligentes Turing Completos, significa esto que cualquier programa que pueda ser creado en un ordenador tipo estándar, de igual manera puede ser programado aquí y a continuación, almacenar el código fuente en Blockchain o Cadena de Bloques. Bajo estas condiciones siempre será posible la creación de programas de forma indefinida, los cuales podrán ser ejecutados en todo computador de la red, gozando los mismos de todos los beneficios y bondades que ofrece la tecnología Blockchain.

Justamente aquello que Nick Szabo alguna vez consideró como algo indiscutiblemente inexistente en el año 1995, se haría realidad casi 15 años después con el nacimiento de Bitcoin en el año 2009 con su reconocida tecnología de Cadena de Bloques o Blockchain.

Frente a todas estas posibilidades y oportunidades informáticas, surge la iniciativa de seguir creando; en esta ocasión diversos programas amparados e inspirados en la tecnología de Cadena de Bloques, abriendo las puertas a una nueva y descentralizada internet, invadida; en buena lid, por una cantidad numerosa de aplicaciones no monitoreados por terceros fuera de la red.

La Blockchain asegura y garantiza que todas y cada una de las transacciones son verificadas y validadas por múltiples participantes, y solo aquellas operaciones que sigan los reglas y pautas que establece un contrato inteligente, serán satisfactoriamente confirmadas.

El Smart Contract o Contrato Inteligente, es a manera de documento; una compendio muy particular y especial de instrucciones que se encuentra almacenado en la Blockchain o Cadena de Bloques. Como su nombre lo dice, es "inteligente". Tiene la capacidad plena de ejecutarse ante acciones, conforme a una serie de patrones y parámetros ya programados. Siempre dentro de un ecosistema seguro, inmutable y transparente.

A partir del año 2009, y tras el lanzamiento de la primera versión surgida con la creación de Bitcoin; muchos son los importantes y todos interesantes proyectos, que se esmeran en aportar ideas nuevas y soluciones en red descentralizadas a favor de las aplicaciones centralizadas que usadas por todos nosotros en la actualidad.

Entrando ya en contenido inherente directo al tema, los Smart Contracts tienen un objetivo básico fundamental, eliminar y dejar de lado todo tipo de intermediarios para así minimizar los procesos de desarrollo y ejecución, como ahorrar significativamente la relación de gastos o costos en beneficio del usuario.

La mejor manera de comprender nuestro objeto de análisis, los Smart Contracts; la lograremos recordando un poco qué significa o qué es un contrato.

Un contrato es un documento escrito al cual se le dará legalidad y en el cual se establecen una serie de acuerdos, cláusulas y pautas entre dos o más partes, las cuales serán aceptadas por sus participantes. En él se establecerá que es lo que se puede hacer, cómo hacerlo y qué ocurre si no se hace; mientras este contrato tenga validez. Un contrato se puede renovar. Se trata de respetar las reglas de un juego donde dos o más personas van a participar en conformidad, tras firmar en aceptación de lo previamente establecido.

Los contratos continúan siendo hoy en día, pactos personales con acuerdos de palabra o caros documentos escritos, redactados por especialistas en leyes, abogados, notarías entre otros. Cuando del documento escrito se trata, este estará sujeto a las leyes gubernamentales, territoriales. Todo esto agrupó y sin número de gastos y altos costos de generación, registro y validez.

Una intervención alta de talento humano aplica en el proceso de elaboración. Por tal motivo no son accesibles para cualquier persona. Y por encima de todo esto, otro aspecto; aquellos típicos contenidos finales que siempre terminan en contra de quien se "beneficia" del contrato, las características letras pequeñas que se pueden traducir, en una palabra: ¡Capturado!

Por el contrario, un Contrato Inteligente (Smart Contract) es totalmente independiente y tiene la capacidad de auto ejecutarse y hacerse cumplir por sí mismo. Es un recurso que funciona de manera autónoma y automática, sin la participación ni supervisión de mediadores o agentes externos; evitando siempre y en todo momento lo embarazoso de la interpretación al ser un elemento no verbal o redactado en los lenguajes nativos humanos.

Los Smart Contracts se estructuran en "scripts" (códigos informáticos), redactados en lenguaje de programación. Significa esto que los términos establecidos en el contrato solo son comandos y sentencias en los códigos que lo forman. Es importante que tengamos algo muy claro, y es que un Smart Contract bien puede ser creado y llamado por personas físicas o jurídicas, como también por programas computacionales o máquinas que funcionen de manera autónoma e independiente.

Un Contrato Inteligente tiene y goza de total validez sin tener que depender de autoridades o legislaturas jurisdiccionales. Esto se debe a su propia naturaleza y carácter autónomo: Es un código siempre visible para todos y que al existir sobre la tecnología Blockchain, no se puede cambiar ni alterar, es inmutable; el cual le transfiere un pleno y total perfil de transparencia y descentralización.

Con estos aspectos básicos que has visto hasta el momento, podrás imaginar el gran potencial que tiene un contrato inteligente. Resaltamos que, al estar distribuido en la red por miles de ordenadores, se evita la burocracia, altos costos, censuras y que estos contratos sean custodiados por terceras compañías, sería sin duda un trabajo arduo y de intensa dedicación.

Si tomáramos un Smart Contract con valiosos y potentes fundamentos para fusionarlo con un gran grupo de destacados desarrolladores en el mundo, tendríamos un resultado inimaginable, obtendríamos algo nunca antes visto, algo que rebasaría hasta los límites de nuestra propia imaginación. Posibilidades jamás vistas, posibles para todos y de reducidos gastos. Se trata de ecosistemas libres sin la presencia de figuras autoritarias exijan a los integrantes de una comunidad virtual, actuar según sus voluntades y sometimientos. Estamos hablando de una posible criptodemocracia.

Consideremos este ejemplo tomado de una publicación que hace poco ofrecía un joven en una entrevista de televisión en Bogotá:

"Imaginemos un vehículo tipo Tesla, conducido de forma autónoma, que haya sido comprado por un grupo de 100 personas, capaz de autogestionarse en todos sus servicios y que a su vez el mismo vehículo se alquile por sí solo. Todo esto sin que tenga que rendir cuentas a una Rental Cars o pagar 10% de sus ganancias a Uber".

Siendo así, ¿Te unes a quienes dan la bienvenida al mundo de los Smart Contracts?

Cuidado con lo que pienses sobre los Smart Contracts, hasta el momento

Hoy por hoy, gran parte de la humanidad está inmersa en controles informáticos; prácticamente todo interactúa y gira en torno a ellos. En el desarrollo y planificación de aplicaciones es absolutamente normal que los desarrolladores confeccionen una línea de "puertas" a cada aplicación, llamadas APIs. Dichas puertas están abiertas para que otros programadores tengan la posibilidad de ingresar a la aplicación para captar de ella más información o crear a partir de allí, mucho más.

Por lo general cada web o programa cuenta con sus APIs, es decir; representa un protocolo, un acuerdo, contrato, una manera reconocida en la cual se atrae a la aplicación con una organización de datos. Es a través de esta puerta, por medio de la cual se obtendrá una respuesta con la conformación de datos predecibles. Todo ello, para que la comunicación sea lo más efectiva posible, no falle; y con ello un óptimo funcionamiento de los programas.

Un contrato así, con estas condiciones, características y libertades no está garantizado. Tiene su servidor de aplicación abierto y está controlado por algún programador o grupo de desarrollo, quien o quienes tienen la capacidad y libertad de hacer cambios para que, de un momento a otro, todo funcione diferente. Se trata de un contrato o plataforma centralizada y puede mutar instantáneamente según la decisión y determinación de un tercero. Esto no es un contrato, plataforma, red, o aplicación Smart.

Todos necesitamos y requerimos entornos predecibles, incorruptibles y transparentes. Los contratos inteligentes Smart Contracts son piezas de códigos muy similares, tienen formas de llamarlos y recibir de ellos unas respuestas; tienen un contrato que por demás está protegido contra daños e invasiones por parte de terceros, gracias a que se encuentran distribuidos en millares de nodos los cuales no tienen forma ni manera de alterar su contenido. Así pues, se podrá obtener un programa que constantemente estará comportándose igual sin requerir de la atención y supervisión de un tercero.

Condición que para prácticamente cualquier uso es realmente necesario. Los Smart Contracts como ya se puede ver, son programas que siempre se comportarán igual y se establecen en la nube, permitiendo y facilitando el almacenamiento y resguardo de información y datos que no podrá ser modificada a traición. Estos son los programas más fiables, seguros y confiables que nunca habían sido creados por la humanidad, los cuales solo fallan o dan error cuando han sido mal programados.

Para crear o programar un Smart Contract existen y están dados ciertos y determinados pasos seguros y garantizados. Tomemos el ejemplo de una web page que acepte pago con criptomonedas, en este caso Ethereum. Ningún usuario o inversionista querrá perder su dinero, siempre esperará una rentabilidad de vuelta o que la inversión genere más y más dividendos.

Como equipo, conjunto o grupo, todas estas cualidades, además de brindar la oportunidad de construir novedosos y valiosos recursos financieros sobre la Blockchain o Cadena de Bloques, también está el hecho de que cada contrato inteligente diseñado por programadores o programas, tenga las probabilidades de innovar en el ámbito de aplicaciones, abriendo las puertas a que probablemente comiencen a surgir hasta de forma espontánea; las primeras KIllers Apps o aplicaciones revolucionarias en estos ámbitos que ajusten internamente una compra, venta o negociación con la utilización de monedas digitales, según sea la situación.

Estos son los pasos para generar un Smart Contract

1.Entre el usuario y la página web se genera y envía una clave pública.

2.Se crea la primera transacción sin enviarla, colocando como ejemplo 3ETH en un output que necesita el usuario la web para firmarlo.

3.El usuario deberá enviar el hash de la primera transacción a la página web.

4.El portal creará de forma automática una segunda transacción que se corresponde con el contrato.

5.La primera transacción se consume en esta segunda y es devuelta al usuario por medio de la dirección suministrada en el primer paso de generación. Dado que la primera transacción requiere de dos firmas, uno por parte del usuario y otra por parte del portal web, esta operación aún no está terminada ni completa. Aquí la siguiente acción importante, por demás importante que toma el nuevo parámetro: nLockTime. Este se puede añadir, por ejemplo, en una transacción de Bitcoin, determinando una fecha futura que bien podría girar en torno a 4, 5 o 6 meses. En ese período, los fondos no podrán ser incorporados a ninguna transacción. A continuación, el Sequence Number del input también se posiciona en 0.

6.Por último, la transacción será devuelta al usuario sin firmar. El usuario comprobará que las monedas volverán todas a su posesión y que todo está en perfecto orden. Desde luego, transcurridos los meses estipulados con nLockTime. Al tener en 0 el Sequence Number, el contrato se podría modificar a futuro si así lo consideran las partes participantes. ¿Cómo puede un usuario recuperar sus fondos si los administradores de la página web desaparecen?

7.Es conveniente tener en cuenta que el script de input (Instrucciones registradas y grabadas en cada transacción) aún no han llegado a su término. El espacio de tiempo o lapso de espera para la firma del usuario sigue todavía formado por un conjunto de ceros, una vez que el portal generara la segunda transacción. Lo único que estaría pendiente por efectuar sería la firma del usuario en dicho contrato.

8.A partir de este momento, transcurridos los meses establecidos y que se establecieron si se procesaban tanto la primera transacción como la segunda y los 3ETH de la primera transacción, se devolverían al usuario en referencia.

Como se puede ver, se trata de un proceso sencillo, fácil, práctico y seguro de realizar que no exige mayores o dificultosos pasos de registro para la creación, seguimiento y estatus de trámite.

Un procedimiento paso a paso que genera confianza y calidad con la garantía de cumplir y hacer cumplir entre las partes, los acuerdos que serán el hilo conductor de comunicación precisa y efectiva, sosteniendo en el tiempo la presencia en una red global de servicios, beneficiosa, descentralizada y libre de altos costos y gastos operativos.

Un poco sobre Smart Contracts en Ethereum

Ethereum es uno de los proyectos y plataformas más renombradas y populares dentro de la sección de los Smart Contracts. Es, como hemos dicho; una plataforma computarizada muy bien distribuida y que está fundamentada una Blockchain o Cadena de Bloque abierta o pública, similar a Bitcoin y que también nos da la oportunidad de procesar contratos inteligentes P2P entre nodos y sin ningún tipo de los conocidos servidores centrales en una máquina virtual descentralizada, la llamada EVM Ethereum Virtual Machine.

Toda la teoría utilizada y contenida en Bitcoin, es la base de Ethereum para estar distribuido. Tiene su propia moneda, sus equipos de mineros y por si fuera poco; su propia Blockchain entre muchos otros elementos constitutivos, pero muy a diferencia de Bitcoin, Turing Completo; un novedoso intérprete de lenguaje de programación indiscutiblemente extenso es una de las más brillantes creaciones de Ethereum, admitiendo la incorporación de gran complejidad inmersa en su Cadena de Bloques.

Es decir, fácilmente se le puede comparar con un ordenador distribuido, suministrándose y valiéndose de su propia moneda (Ether), como el combustible inyector necesario para el contrato y así, de esta manera pueda ser ejecutado por los mineros. Significa esto que ahora con Ethereum cada contrato resulta ser a partir de entonces como un programa con múltiples funciones y alternativas. No obstante, para este caso, hay algo repetidamente criticable, el hecho de tener que haber creado toda una completamente nueva a partir de cero, teniendo que desistir a la red de Bitcoin, la principal y más poderosa en el mundo.

Todo lo que has leído, visto y oído sobre criptomonedas, Blockchain, Turing Completo, Forks, Smart Contracts, etc. existe; lo es en la red y se mantiene activo en la criptogalaxia, sin ser algo tradicionalmente tangible que tocas y guardas en tu billetera física, o colocas sobre tu escritorio, existe porque los ves y lo lees en la pantalla de un ordenador o un teléfono móvil mediante alguna aplicación, no más de allí.

Viendo como el mundo cripto y sus dinámicas prácticamente mueven sueños, ideas, proyectos, cambian estilos de vida y la economía del planeta, generando conocimiento y desarrollando inteligencia; nos toca imaginar la infinidad de saltos y movimientos, giros y transformaciones socioculturales que paulatinamente irá dando nuestra vida cotidiana y manera de ver las cosas, incluso el diario acontecer desde casa hasta lo laboral, como en las ciencias y artes del mundo.

Imagina a un grupo de inversores planificando en los próximos años planes urbanísticos y diseñando sus Smart Contracts para definir planes de venta y su reinversión de fondos a favor de nuevas acciones. De esta manera los interesados comprarían mediante la tecnología de Blockchain y la posesión de sus bienes amparados por Smart Contracts. Así se garantizaría que cada unidad construida y vendida tendría transparencia y seguimiento debido en la gestión de gastos.

Sería esta una nueva modalidad de venta de inmuebles y una innovación en el mundo de bienes raíces.

Como has podido comprobar y visto hasta el momento, son muchas las plataformas tecnológicas que van juntas en una carrera hacia la excelencia, buscando aportar la mejor alternativa en soluciones tecnológicas de alta gama en un ambiente de creatividad constante, donde todos van con un objetivo y un propósito en común: Hacer declinar puntos de fricción en los sistemas operativos tradicionales, garantizando con sus propuestas economizar tiempo y dinero a favor de la gente, prospectos y usuarios.

CUATRO
ENTENDIENDO LAS DAPPS

Las DApps (Decentralized Applications) son sencillamente aplicaciones descentralizadas. Se trata de un estilo de aplicación que tiene una funcionalidad basada, como su nombre lo indica; en redes descentralizadas de nodos interactuando todos entre sí dentro de la red. Si hablamos de aplicaciones descentralizadas, es porque también existen aplicaciones centralizadas.

Las aplicaciones centralizadas son aquellas que frecuentemente utilizamos desde internet y vienen controladas por una entidad única o central, una persona o grupo, una institución o una empresa, a través de la cual se rigen y regulan todas sus funciones, protocolos y sistemas operativos alojados en sus servidores. Esta entidad tiene el control total de la arquitectura que compone la aplicación. La aplicación centralizada gozará de prestigio, reconocimiento y aceptación, solo si los usuarios le respaldan. Un claro ejemplo de una aplicación centralizada es una entidad bancaria.

Por su parte las DApps son aplicaciones que no dependen de funcionar instrumentadas por parte de puntos de control monitoreado o servidores centrales, sino que funcionan con base en una red descentralizada distribuida a nivel mundial. Una red en sobre la cual sus usuarios y suscriptores son quienes llevan el verdadero y total control de funcionamiento.

Las DApps permiten a los usuarios acceder a todos sus servicios de una manera confiable y segura. Estas DApps bien se pueden utilizar desde la web, a través de un teléfono móvil o mediante una computadora.

Aclaremos un poco más qué son las DApps, para ello representaremos la explicación con ejemplos de nombres comunes y ya tradicionales de aplicaciones y que quizás en este preciso momento estés utilizando. En la categoría de aplicaciones tradicionales tenemos que mencionar sin duda alguna a Facebook, YouTube, Instagram y Twitter. En estas aplicaciones y también redes sociales, los datos e información, así como decisiones se toman en sus servidores centrales.

Esto le da a la empresa detrás del nombre, la potestad de sancionar, limitar y censurar contenido, afectando en negativo o beneficiando a otros según sean sus consideraciones particulares, con lo cual podrían poner ante una condición de juicio a usuarios o seguidores que pudieran verse afectados por alguna medida tomada arbitrariamente y que según las normas y condiciones de la aplicación centralizada, no debió sucede; publicar o transmitir contenido inapropiado o indebido que infringe las reglas.

La existencia de DApps no resulta algo reciente o nuevo. En un principio la DApps se dieron a conocer en los protocolos de compartición de archivos, como por ejemplo DC++ o BitTorrent, aplicaciones del sistema Peer-To-Peer con características de compartición de archivos con resistencia alta a la censura. Manteniendo siempre una posición relevante en la red, está Bitcoin plataforma digital, siendo la primera DApp utilizando Blockchain. Resalta este hecho porque su estructura y funcionamiento describen con total éxito a la primera DApp Blockchain en la historia.

Llegado el año 2014 y luego con la presentación del proyecto Ethereum y su lenguaje Solidity junto a la capacidad de ejecutar Smart Contracts, las DApps crecieron en masa. Por fortuna esta triada permitió a las DApps, funcionar sobre la Blockchain; ganar más popularidad. Una oportuna situación que bien podría impulsar la adopción masiva de Blockchain como tecnología de punta, aportando nuevas formas de interacción entre usuarios, mundo real y virtual.

Ampliando el espectro conceptual de las DApps y tratando de conocerlas un poco más, veamos algunas diferencias de interés entre una DApp y App tradicional, teniendo presente que ambas cuentan con muchos elementos en común. Sin embargo, las diferencias principales radican en cuál y cómo es su interacción entre estos elementos.

Estas aplicaciones tienen tres condiciones o estructuras fundamentales: Frontend, backend y capa de almacenamiento de datos.

Frontend

Es la primera capa de la estructura. Se trata de la interfaz utilizada por los usuarios y por medio de la cual interactúan con la aplicación. Es este el caso en el que tanto las DApps como las Apps tradicionales, están en libertad de hacer uso de su inmensidad de recursos gráficos dispuestos para tal fin.

Esto va desde interfaces web desarrolladas en escritura HTML5 hasta las más elaboradas en mayor detalle, en framework como Qt o GTK. Esta primera capa tiene como simple finalidad, dar al usuario la oportunidad de interactuar mediante el envío y recepción de información con la aplicación que esté utilizando.

Backend

Es la segunda capa de la estructura. Esta capa tiene como objetivo, hacer referencia a la lógica principal de la aplicación. Para una aplicación tradicional, se trata de lógica centralizada, a diferencia de las DApps para la cual su lógica es descentralizada.

En las DApps, el backend guarda estrecha relación con un Smart Contract, pues se ejecuta sobre una Blockchain. Como ejemplo se tiene el caso de Ethereum. Aquí queda demostrado como un Smart Contract cuenta con una programación que garantiza el funciona-miento óptimo de la DApp. Al ser los Smart Contract visibles y públicos, se da por garantizado un nivel de transparencia y seguridad suficientemente alto. Sus usuarios y participantes, podrán sentirse seguros que la DApp no tomará acciones arbitrarias o hará nada distinto a lo acordado y que se especifica el Smart Contract.

En otro orden de ideas, debemos agregar que el backend está soportado por las API (Interfaz de Programación de Aplicaciones) y por las capacidades de la Blockchain. En Ethereum se alojan diversas API que sirven para controlar la interacción de sus usuarios o suscrip-tores con las capas de almacenamiento o autenticación.

Capa de almacenamiento de datos

Es la tercera capa. Para las aplicaciones tradicionales, esta es también una capa centralizada. Por lo general los datos son almace-nados en el ordenador del usuario y también en servidores que son controlados por terceras entidades, personas o empresas.

Esta estructura de trabajo, lamentablemente presenta una cantidad numerosa con muchos puntos de fallos. Por ejemplo, un usuario podría perder toda la información base que tiene almacenada sobre la aplicación en un caso que su computador se llegara a dañar.

Otra situación puede ser que en cualquier y por circunstancias ajenas del usuario, los servidores queden fuera de servicio o sean sorpresivamente bloqueados. Todas estas situaciones limitarían y le impedirían al usuario, poder utilizar la aplicación de forma correcta, además de correr el riesgo de perder cualquier o toda la información.

Para las DApps, el almacenamiento de los datos es totalmente descentralizado. Todos los usuarios de la DApp podrán almacenar su completo historial de acciones realizadas en la red DApp. Adicional a ello, todas las interacciones serán almacenadas en la Blockchain internamente en los bloques de la misma.

Todos estos pasos de forma criptográficamente segura, evitando el acceso no autorizados por terceras entidades o personas. Así pues, si el computador o el Smartphone de un usuario se llegaran a dañar, sería suficiente usar la DApp en cualquier otro o un nuevo dispositivo para de esta manera, recuperar y salvar toda su información hasta ese preciso momento del suceso.

Sumemos a esto, que el nivel de redundancia y seguridad con los datos, va en crecimiento a medida que aumenta la media y así existan más y nuevos usuarios haciendo y dando uso a la DApp.

El funcionamiento de las DApps

Una DApp tiene un funcionamiento muy parecido a la forma de una red Blockchain. En tal sentido, cada uno de los usuarios de la DApp representa un nodo dentro de la misma red. Todo usuario, será garante del funcionamiento apropiado y correcto de las operaciones que se realizan en la misma red.

Como ya sabemos, el canal o medio de comunicación que utiliza la DApp es la Blockchain. En esta cadena de bloques, queda un registro de cada operación y transacción que transite por el Smart Contract controlado por la DApp. La aceptación o no aprobación de las operaciones realizadas por parte de los usuarios de la DApp, está supeditada a la programación de Smart Contract en cuestión. De tal manera, se pretende buscar la mejor y más confiable garantía en la red, para que así todos los participantes y usuarios actúen en el marco de lo especificado por el mismo.

El Smart Contract o contrato inteligente en este caso, viene a ser el punto intermedio que está encargado de comprobar la validez de cada interacción. A cada momento que se dé una nueva operación en la DApp, la información de la plataforma será actualizada en cada uno de los nodos. De esta manera se podrá garantizar que todos los datos queden debidamente almacenados en cada uno de ellos. Solo así, cada usuario hace su contribución en conservar de pie la aplicación con todos los recursos de su ordenador.

Esta confección garantiza también y da por sentado que la plataforma siempre estará en funcionamiento y servicio. Todo esto debido a la imposibilidad que se pueda dar de baja a los nodos de la red en su totalidad al mismo tiempo. Situación o acto que bien podría suceder y presentarse por un ataque informático o por otras razones como la censura.

Es aquí donde las DApps llevan un gran avance y ventaja muy marcada, ya que, por el hecho de trabajar y ejecutarse directamente sobre una Blockchain, gozan de sus bondades y capacidades de seguridad, privacidad e incluso; uno aún mayor: el anonimato. Adicionalmente, las DApps tienen la facultad de garantizar igualmente que la data usada por ellas solo es accesible por la persona o usuario que originó o generó dicha información. Con lo que, quienes usen las DApps mantendrán el control absoluto y firme de sus datos en todo y a cada momento.

Las DApps y sus características

Seguridad

La seguridad representa la principal característica de las DApps. Gracias a que ellas funcionan y operan directamente sobre la funcionalidad de la Blockchain o cadena de bloques, la cual utiliza criptografía dura, pudiendo así; asegurar los datos que maneja.

Este aspecto, que le da robustez a la DApp, da por asegurado que toda la información puede ser únicamente vista por aquellos que la originan o crean, el resto de quienes participen solo tendrán acceso o la posibilidad de verificar y corroborar su validez o desaprobación. Nunca la información que genera un usuario es visible por otro, jamás por un tercero.

Adicionalmente a lo anterior, todos los datos manejados por la aplicación estarán en todo momento bajo posesión y control del usuario. Las DApps no guardan ni almacenan información en la nube o en servidores externos. Esto es una excelente opción para minimizar los riesgos asociados al robo de identidades e información privada o la venta de la misma por cuenta de la empresa, transgrediendo de esta manera la privacidad de sus usuarios.

Descentralización

Una de las características que ostentan las DApps y que figura entre una de las principales, es su condición de ser descentralizada. O lo que es igual, la facultad de funcionar sin servidores centrales supervisados.

Para ubicarnos en un mejor contexto o en mayor perspectiva tengamos en cuenta el siguiente ejemplo: Facebook. Una de las principales redes sociales más utilizadas y con más seguidores a nivel mundial. Con más de 2.740 millones de usuarios, sus centros de datos y centrales de datos manipulan una carga de información titánica.

En tal sentido, mantener la infraestructura de su plataforma en funcionamiento y servicio es toda una labor colosal. Una aplicación que no ha quedado exenta de caídas y errores, los cuales han provocado que la red haya quedado inoperativa y fuera de servicio a escala global. Todo ello ocurre simplemente porque Facebook es una red social centralizada.

Una DApp está libre de este punto de fallo gracias a la cualidad de descentralización. Cada uno de los usuarios de la DApp cuenta con su propio historial completo de todas las acciones llevadas en la DApp. Algo así como una réplica o grabación global de todo lo que ha sucedido en la aplicación.

Debido a esto, y a que su ejecución se aloja sobre una Blockchain, es suficiente con que un solo usuario esté activo para que la red siga su funcionamiento sin contratiempos ni problemas. De esta forma, queda garantizado en su totalidad que la DApp y su red funcionarán a la perfección y no le ocurrirá una caída global como suele pasar con Facebook.

Código abierto

Resulta ser una característica bastante común que tienen las DApps. El hecho de que el código fuente de una aplicación esté disponible, es garantía de un muy alto nivel de transparencia para las DApps. Esto gracias a que la comunidad siempre podrá lo que hace la DApp.

Una DApp como aplicación descentralizada siempre podrá permitir la realización de auditorías comunitarias, con lo que cualquier persona con los conocimientos precisos, tendrá a su mano la facultad y libertad de poder revisar el código fuente de la aplicación. Esto es algo permitirá mejorarla y, en cualquier caso, dar continuidad con su desarrollo, si por algún motivo el proyecto fuese abandonado por sus creadores originales.

Todas y cada una de las DApps mantienen firme y en forma pública su código fuente suscrito en sus Smart Contracts y las demás partes de la aplicación. De esta manera, cualquier persona puede examinar el código fuente, mejorarlo o forkear (Bifurcar) directamente.

Herencia Blockchain

Las DApps interactúan directamente sobre la Blockchain desde la cual se ejecuta su propio Smart Contract. Esto quiere decir, que cada interacción en la DApp genera su propia entrada de datos en la Blockchain. Luego se procede a almacenar estos datos de forma criptográfica para posteriormente darle su carácter de transparencia y seguridad. Todas estas acciones se pueden revisar públicamente en el explorador de bloques de la Blockchain.

Únicamente podrán ser vistas las interacciones criptográficas, los datos en su totalidad quedan almacenados de forma criptográfica como hemos indicado en reiteradas ocasiones, todo en forma segura. Adicional a ello, y al hecho de que una DApp funcione sobre una Cadena de Bloques o Blockchain, indica que, para verificación y comprobación de cada interacción, será utilizado un protocolo de consenso.

Acá se aplica el de la Prueba de Trabajo (PoW) o el de Prueba de Participación (PoS), caso contrario; cualquiera que elija el desarrollador de la DApp. Solo con ello será posible garantizar el mismo nivel de seguridad que debe ser aplicado a la Blockchain sobre la DApp.

Clasificación de las DApps

Conforme a la dinámica actual, las DApps pueden ser clasificadas en tres categorías. Estas son:

DApps Tipo I

En la clasificación Tipo I, se agrupan a todas aquellas DApps cuya cadena de bloques o Blockchain es propia. Es decir, aquellas que cuentan con su propia construcción y no dependen de ninguna otra Blockchain para ejecutarse. En este sentido, Bitcoin está reconocida como la primera DApp Blockchain en sí misma que ha existido. Esta es una condición que también aplica para Bitcoin Cash, Litecoin, Ethereum, Dash, Monero, entre muchas otras.

DApps Tipo II

En la clasificación Tipo II, se agrupan y nos encontramos con todas aquellas DApps que van a depender de una Blockchain externa y de sus propias características para funcionar y así ejecutarse. En este sentido, estas DApps pueden funcionar utilizando sus propios tokens o los de la Blockchain sobre la cual se están soportando para ejecutarse. Un ejemplo en este tipo de clasificación lo encontramos en Golem.

Golem es una DApp que, para ejecutarse, se apoya sobre la Blockchain de Ethereum. Golem fue creada con el propósito de permitirle a todos sus usuarios, rentar recursos e implementos de computación para el procesamiento de datos y ser aplicado en distintos usos. Imagina a Golem como una gran supercomputadora descentralizada en la que podemos alquilar "poder de procesamiento".

Para poder lograr y ofrecer esto, Golem cuenta con un token ERC-20, el GNT (Golem Network Token). Este token es utilizado para efectuar pagos a los usuarios que alquilan su poder de cómputo y para otro tipo de actividades dentro de la red.

DApps Tipo III

En la clasificación Tipo III, se agrupan aquellas DApps que utilizan al grupo de DApps del Tipo II para su ejecución y funcionamiento. Por lo general, las DApps Tipo III, usan los tokens de las DApps Tipo II, para poder realizar sus operaciones.

Un ejemplo de estas DApps apalancadas en las Tipo II es Safe Network. Safe Network es una DApp que se apoya en Omni Layer, una DApp de Tipo II, dedicada para generar la Safecoin, su criptomoneda nativa. Su criptomoneda Safecoin, es utilizada en la DApp Safe Network con el objetivo de realizar todas las operaciones disponibles dentro de dicha DApp.

Algunas limitantes en las DApps

●Nivel de dificultad para explotar el potencial total del hardware en los dispositivos de sus usuarios.

●El nivel de complejidad en la aplicación ocasionalmente puede dificultar su depuración y revisión de seguridad.

●Desarrollo supeditado de DApps según el enriquecimiento de actualizaciones dentro de la estructura Blockchain.

● Conflicto para instaurar funcionalidades necesarias para el desenvolvimiento correcto de las DApps.

Las DApps más conocidas

CryptoKitties

Lanzado al mercado como uno de los juegos pioneros del mundo que se ha creado basado en la tecnología Blockchain. CryptoKitties, está dedicado a coleccionar "gatitos virtuales únicos". Cada uno de los gatitos ofertados y coleccionables tiene sus propias características y propiedades que los hacen distintos a todos. La rareza extrema representada en esta DApp es la que puntualmente le da tanto valor y la convierte en la criptomoneda del juego.

El usuario puede comprar los gatitos los cuales también pueden ser vendidos, recibiendo así su propiedad de forma virtual. Además, con estos gatitos tienes la opción de hacer familia, ya puedes hacer "cría" de gatitos en CryptoKitties. Para esto solo tendrás que unir un par de gatitos para crear una descendencia genética única, la cual mantendrías, criarías más adelante o venderías para hacer tu negocio felino digital.

CryptoKitties se ejecuta sobre la Blockchain de Ethereum, y es una DApp del Tipo II.

Nash

Al igual que CryptoKitties, Nash es una DApp del Tipo II y que requiere de la Blockchain de NEO para ejecutarse. El objetivo principal concebido por Nash, es el de ejecutar un motor de coincidencia Off-Chain que permita en el usuario intercambios mucho más efectivos, rápidos y complejos a los intercambios descentralizados existentes.

Saturn Network

Saturn Network es una DApp de intercambio descentralizado para la comercialización de tokens ERC-20 o ERC-223. Su funcionamiento se basa en una Cross-Chain que está disponible tanto en Ethereum como en Ethereum Classic.

Saturn Network ofrece a la red, un sistema de intercambio expedito y sin grandes esfuerzos, ya que no exige ni precisa rellenar un KYC o realizar la configuración de alguna cuenta.

Crazy Dogs Live

La DApp Crazy Dogs Live es un sistema de juegos y de apuestas enfocado en la creación de una plataforma transparente, divertida y segura para sus usuarios y comunidad en general. Crazy Dogs Live está entre las competencias y carreras caninas con un conjunto funciones innovadoras en minería de apuestas y transmisiones en vivo.

Crazy Dogs Live les permite a sus jugadores interactuar entre ellos disfrutando de toda una amena y divertida actividad con juegos, en la medida que también obtienen ganancias. La plataforma se encuentra en el diseño y planificación de su próximo lanzamiento con nuevas características en un futuro cercano para que todo el ecosistema del juego se crezca exponencialmente.

Crazy Dogs Live es una DApp Tipo II que se ejecuta sobre la Blockchain de TRON.

"Con esta nueva tecnología en libertad, algunas personas podrían sentirse electrificados por la idea de descentralizar todas las cosas".

Ricardo Ollarves

Todos quienes actualmente utilizamos internet, no tenemos ningún tipo de control sobre los datos que solemos visualizar, ver y compartir en la web. De entre las muchas plataformas existentes, Ethereum está considerada por muchos expertos como la única que suma esfuerzos e intenta manejar su Blockchain o cadena de bloques como un estilo de mejorar lo que sus diseñadores consideran es una parte de la problemática del diseño del Internet.

Tengamos presente que las aplicaciones descentralizadas DApps, son aplicaciones ejecutables en una red P2P de ordenadores en lugar de uno solo. Las DApps han existido desde que aparecieron las redes P2P. Estas aplicaciones están diseñadas en un estilo de programas de software diseñado para coexistir y alojarse en Internet de una manera que no está monitoreada y controlada por una sola entidad.

Estas aplicaciones del tipo DApps lograron establecerse como una manera de reducir el impacto y acción de terceros en las funciones propias de una aplicación, simplemente ellas conectan a sus usuarios y proveedores directamente.

Un caso interesante e ilustrativo del uso de DApps para redes sociales sería por ejemplo para un Instagram descentralizado y resistente a la censura. Es decir, una vez que publicas un post en su Blockchain, este no puede ser borrado ni siquiera por la compañía creadora del sistema de microblogging.

A diferencia de las aplicaciones tradicionales centralizadas, donde el código de Backend se ejecuta en servidores centralizados, las DApps tienen su propio código de Backend en una red P2P descentralizada y desde allí acceden a ellas mediante el ya conocido Smart Contract o contrato inteligente.

Las DApps son pues, aplicaciones descentralizadas (Decentralized Applications) que utilizan la Blockchain para ejecutarse y a su vez todos sus usuarios se relacionen directamente y confiadamente entre ellos, para cerrar acuerdos de su conveniencia sin que exista una entidad central que les gestione, censure, supervise o monitoree el servicio.

CINCO

LAS ICOS DE CRIPTOMONEDAS

Initial Coin Offer (ICO) por sus respectivas siglas en inglés, Oferta Inicial de Moneda; son en el mundo de las criptomonedas toda una revolución en la financiación empresarial alrededor del mundo, utilizando toda la fuerza que despliega su tecnología basada en la Blockchain.

Las ICOs hacen posible alcanzar financiamientos para materializar grandes proyectos a corto plazo de manera confiable, rápida y sencilla. Dentro del espectro que representa el criptomundo, las ICOs son mucho más que recursos factibles para la financiación, son una herramienta poderosa a favor de todo tipo de inversión.

Imagina de nuevo a aquel grupo de personas que se reunió e

invirtió para comprar el vehículo Tesla autoejecutable, tráelos de nuevo a tu mente y ambienta el financiamiento de esta iniciativa. Gracias a las ICOs, todo esto es posible. Una ICO es un instrumento o recurso financiero que hace realidad este tipo de planes y proyectos, donde resulta por demás atractivo, al no tener de por medio la participación de la usual burocracia administrativa y legal que ya conocemos y que suponen las vías de financiación tradicionales.

Las ICOs son un nuevo tipo o modelo de financiación colectiva o grupal que está tomada de la mano con la tecnología Blockchain. Una modalidad que revoluciona al planeta en su totalidad y al criptomundo, produciendo beneficios que superan en demasía al 50.000% en ciertas ICOs criptomonedas.

Por medio de una ICO, lo que se pretende buscar es la financiación de una iniciativa por medio de la emisión de una moneda desde la cadena de bloques, tecnología Blockchain, criptomonedas. El intercambio con estas criptomonedas, al igual que las ya existentes, puede realizarse sin mayores complicaciones. También pueden ser vendidas y compradas con total libertad, siendo el propio mercado a través de sus usuarios el que fije su precio de colocación como base para la oferta y demanda. Significa esto, que, si se compra a un determinado precio y se logra vender a otro mayo, se producirá una interesante ganancia y beneficio por la operación efectuada.

Las ICOs son un recurso que gana terreno y se hace presente a diario dentro de las diversas acciones operativas en la red y toda su comunidad, permitiendo el sostenimiento económico como parte de interesantes proyectos que son apoyados entre los usuarios, quienes entienden su ponderación y los beneficios que pueden alcanzar a través de ellas.

Conozcamos más en detalle qué son las ICOs de criptomonedas, y para tal propósito, debemos comenzar desde sus bases, desde el principio. Para ello debemos saber y entender qué es tradicionalmente una financiación para después describir en detalle, ¿qué es una ICO? Incluyendo ventajas, ejemplos y precauciones entre muchos

otros aspectos. Así conoceremos un poco más lo que viene signifi-
cando esta evolución en el mundo de las criptomonedas.

La Financiación 1.0

Comencemos conociendo un poco qué es la financiación, en
particular la Financiación 1.0. En la actualidad además de iniciativas,
hablamos de emprendimientos, los cuales se crecen en tiempos de
crisis.

Para llevar a la práctica y lograr materializar estas ideas o inquietudes, siempre será necesario un importante aporte o inversión económica. En todo y ante cualquier aspecto o momento de la iniciativa,
estaremos sujetos a una serie de gastos necesarios por muy pequeños
y grandes que estos sean, el dinero será imperativamente necesario.

Desde lo tradicional y cultural, ante la falta o requerimiento de
recursos económicos personales o empresariales, la solución para
cubrir estos gastos, ha estado presente gracias una o a la combinación
de las tres formas siguientes: Financiación por solicitud de préstamos,
financiación por subvención (concesión de dinero) y Financiación por
venta de acciones.

Financiación por solicitud de préstamos

El carácter básico de este modelo de financiación consiste en
pedir dinero en calidad de préstamo. Estos préstamos suelen ser soli-
citados o pedidos a cualquier persona o entidad que esté en la capacidad de cubrir esta petición. Se trata pues, como se dijo; de
particulares o empresas, de entidades financieras, bancarias o incluso
instituciones gubernamentales, entre muchas otras opciones. El
prototipo más común para este tipo de financiación es el siguiente:

Recibes en calidad de préstamo una cantidad X de dinero que
deberás pagar en Y período de tiempo, pagando un interés del Z%
mensual. El interés representa el beneficio que adquiere el ente pres-
tamista por la negociación.

Bajo este formato de financiación permites no otorgar ningún tipo
ni cantidad de acciones de tu empresa por concepto de negociación.
Con esta solicitud de préstamo se puede lograr una financiación que
permitirá desarrollar el producto para revalorizar a su vez, a la

empresa. Es decir, una manera de revalorizar todas las acciones de la organización o proyecto.

Financiación por subvención (Concesión de dinero)

La financiación por medio de subvenciones pudiese estar asociada o no a un préstamo propiamente dicho. Por lo general estas financiaciones son entregadas u otorgadas por organismos gubernamentales y regularmente no están sujetas a una condición de devolución del dinero o cargos por concepto de intereses.

Mediante una subvención, el emprendedor o la empresa no entregarán ningún tipo de acciones o bienes compartidos producto de la actividad de la empresa.

Financiación por venta de acciones

Uno de los procedimientos más comunes y tradicionales usados para lograr la financiación de un proyecto, llamémosle así; es la venta de acciones. Estas ventas se realizan de forma privada entre familiares, amigos o inversores destacados o por medio de una Oferta Pública de Venta (OPV). En esta figura de venta, el emprendedor podría dar inicio a su iniciativa, logrando captar el interés de otras personas con las cuales compartiría parte de su proyecto a través de las acciones.

Mediante la Oferta Pública de Venta (OPV), una empresa, por ejemplo; podrá postular 1.000 acciones que serán compradas al momento inicial en un precio determinado. De esta manera la empresa ya se ha financiado, con la colocación y negociación de dichas acciones. Estas acciones son una representación de la participación en la empresa y también de sus propios beneficios.

Cuando en una empresa la actividad productiva y comercial está en marcha y luce bien, gana más dinero y por ende sus acciones crecen en valor con el paso del tiempo. Esto permitirá que las acciones generen grandes e importantes dividendos, lo cual quiere decir a su vez, que la empresa otorgue la parte de sus ganancias que corresponda a cada uno de sus accionistas de forma periódica.

Estos son los motivos por los que siempre existirán personas (inversores) interesados en adquirir o comprar acciones a un precio incluso mayor al de salida. Acto seguido, la persona que haya comprado cierta o determinada cantidad de acciones, estará en plena libertad de intercambiarlas por otros bienes, servicios, dinero fiat o criptomonedas a otros compradores interesados. El inversor que venda sus acciones adquiridas a cierto valor, verá beneficios si realiza la transacción a un precio mayor que el de la compra inicial.

La Financiación 2.0

Para salir y participar en la bolsa se deben cumplir enormes y grandes exigencias, lo cual en reiteradas ocasiones representa un problema de peso para las empresas. Es por ello que, ante estos fuertes y cerrados requisitos de solicitud, se dio la oportunidad nuevamente a la creatividad y así surgió hace pocos años el ya muy popular término Crowdfunding (2006), que es una recaudación de fondos.

Esta actividad ya existía, solo que la palabra "crowdfunding" aparece por vez primera y según registros, en un artículo publicado por Michael Sullivan en su blog "fundavlog", el 12 de agosto de 2006.

Dando un breve vistazo a la historia, podríamos decir que Alexander Pope (1688) famoso poeta inglés; se encontraba traduciendo al inglés la obra maestra de la literatura griega "La Ilíada" de Homero. Alexander no contaba con fondos económicos ni el dinero necesario para dicho trabajo. Por tal motivo se ideó una campaña de recaudación de manera muy creativa para dar solución a su problema.

Alexander Pope le brindó a la gente la posibilidad de invertir cierta cantidad de dinero para ayudarle a publicar el primer volumen y luego recibir una copia una vez terminado el trabajo, algo así como tipo preventa.

Pope creó una simple campaña con las siguientes palabras:

"Esta Obra se imprimirá en seis volúmenes, en el papel más fino; con Adornos y Letras iniciales grabadas en Cobre".

Participaron 750 personas fueron sus patrocinadores y a todos se les saludó con sus nombres en el manuscrito. Tal vez sea este el primer proyecto comercial con "recompensa" de la historia financiado colectivamente.

Regresemos a nuestro momento, año 2021 y sigamos ofreciendo detalles sobre el crowdfunding.

El crowdfunding es una de las tantas formas utilizadas para lograr conseguir y recaudar dinero como también otros recursos, a través de una red de personas, llamados mecenas. Para lograr los fondos o recursos, se determina un espacio de tiempo que por lo general es un mes, y en dicho periodo es cuando se debe recaudar el dinero. Este es un dinero que se debería utilizar para la financiación del proyecto, no obstante, nada garantiza que realmente sea así.

Cada día vemos más y más webs dedicadas a la creación de crowdfunding. Esto sucede porque a través de Internet se permite que más personas en todo el mundo tengan la posibilidad de promocionar sus proyectos con ánimos de lograr financiarlo con las personas interesadas en apoyar.

Aunque son muchos los tipos de crowdfunding sobre donaciones, recompensas, acciones, préstamos, royalties, etc. que podríamos encontrar en la web, es muy normal que, debido a la burocracia y a los altos costos, las inversiones sean consideradas o tomadas simplemente como donativos con la expectativa de recibir algún descuento, reconocimiento u otro tipo de beneficio.

Llegan las ICOs Financiación 3.0

ICO es en el criptomundo de la Blockchain, la captación y atracción de financiación a través de la venta de una criptomoneda. ICO, Initial Coin Offering por sus siglas en inglés, es Oferta Inicial de Monedas.

Las ICOs dan un vuelo de libertad a la financiación de las iniciativas, ideas o proyectos. Y ese vuelo se da al permitirse que cualquier persona en el mundo solicite financiar o financie una idea en tan solo unos cuantos segundos. Como resultado, quien proponga el proyecto, recibirá un activo digital sencillo de negociar, destacando la imagen de un mundo global cercano, unido y sin fronteras.

Una ICO no significa ni pretende suponer la creación de una

criptomoneda. Nunca representa una labor previa de minería, tampoco emitirla y mucho menos crear un Smart Contract o Colored Coin. Todo resulta ser indiferente e incluso y puede nunca haber convivido con una ICO. Una ICO es el proceso por medio del cual se distribuye y despliega, normalmente cobrando una criptomoneda en una fase temprana de desarrollo de alguna actividad o iniciativa. Esta moneda digital podrá usarse en el proyecto, y así, lograr el objetivo de financiar dicho desarrollo, programa o plan.

Es tal el crecimiento constante y efectivo que han experimentado y siguen representando las ICOs de criptomonedas y otros proyectos Blockchain, que las inversiones recaudan por las empresas superan demostrativamente a la típica inversión tradicional recaudada de todas las StartUps.

Muchas son las criptomonedas que continúan apareciendo desde el nacimiento de Bitcoin, la precursora de este movimiento. Existen miles de miles, pero su surgimiento y la forma como vienen apareciendo varía notablemente de unas a otras.

Desde el año 2009, cuando Bitcoin entró en actividad y hasta el 2014, en líneas generales, lo corriente o tendencia era que las nuevas criptomonedas basaran su actividad en una emisión asociada a un algoritmo. Veamos, por ejemplo, el algoritmo PoW (Proof of Work) o también al PoS (Proof of Stake). En este punto, PoW es lo más común al ser el formato utilizado por Bitcoin y prácticamente por la gran mayoría de criptomonedas existentes.

Las criptomonedas que se basan en PoW o PoS admiten una forma libre de distribución del total de las criptomonedas que se minan, las cuales aparecen en el periodo de distribución. Muy en la distancia de las ventajas y desventajas de cada algoritmo, la realidad es que en ellos no existe ninguna entidad centralizada que sea encargada de emitir las nuevas criptomonedas, por el contrario, estas se minan. Esto se da por la presencia o existencia de un programa con ciertas y determinadas reglas bien claras para toda la comunidad, la cual permite la minería de las monedas, no su emisión, y que a su vez haya que competir por ello.

Se pretendía que todo esto iba a cambiar paulatinamente y de forma gradual. Para el año 2013 salieron a la luz las primeras iniciativas que, aunque antes de hacer público el software de las monedas digitales, sus promotores y desarrolladores se encargan de minarlas por adelantado y en modo privado. Era esta una forma bastante práctica de financiarse a futuro. A esta acción se le conoció como pre minería de monedas o monedas pre minadas.

En estas operaciones de monedas pre minadas, los promotores y desarrolladores se guardaban para sí una gran parte de las monedas para después. De esta forma y una vez que la moneda comenzara a cotizar, la podían ir vendiendo y así recuperar su inversión previa y de paso, en ocasiones, hasta llegar a hacerse ricos.

Frente a este tipo de actividades y prácticas vinieron asociadas fuertes y duras críticas por parte de la comunidad. Por estar fundamentados en claros y evidentes entornos de desventaja, estos ejercicios de pre minería, se les asociaba a modelos injustos.

ETHEREUM APARECIÓ en el año 2014, y con su llegada a la red criptográfica no solo se buscaría una redefinición efectiva de la tecnología Blockchain, sino también de los sistemas de financiación tradicional. Esto hizo Ethereum: Minó por adelantado sus monedas. Esto como causa fundamental al hecho de que el proyecto no entraría en funcionamiento hasta por lo menos un poco más de 1 año después.

Todas las monedas producto de la pre-minería, en lugar de ser guardadas o almacenadas fueron puestas a la venta para poder financiar la fase posterior del trabajo. En Ethereum no se dieron los primeros intentos en vender sus criptomonedas, ya que acababa de aparecer una de las primeras ICOs de criptomonedas. Gracias a esta acción Ethereum pudo capitalizar una recaudación aproximada de 19 millones de dólares en Bitcoins.

A mediados de la primera década del año 2000 las criptomonedas que aparecían pasaron de ser criptomonedas con generación apoyada en competencia, a monedas digitales con un formato en el

cual los promotores de un proyecto se esmeraban en vender sus criptomonedas que habían minado con evidentes entornos de ventaja,
antes que algún huésped de la red cripto pudiera hacerles
competencia.

Hasta el año 2014, prácticamente todas las criptomonedas que
surgían, eran monedas que de alguna u otra manera buscaban
oponerse o competirle a Bitcoin o contribuían con algún cambio de
importancia en cuanto al protocolo. La concepción de una nueva
criptomoneda no estaba fundamentalmente basada en convertirla o
utilizarla como un único instrumento o recurso de pago en una web o
aplicación donde el entorno fuese muy limitado.

La indetenible revolución ICO de criptomonedas provocó un
cambio total inminente. En adelante serían creadas criptomonedas
para todo tipo de mercado, literalmente para cualquier cosa. De esta
manera se admitió en hacer más evidente que nunca el hecho de que
las criptomonedas podrían ser ponderadas como válidos activos digitales. Ahora se hablaría de criptoactivo: Tokens con todas las condiciones necesarias para representar un valor con el cual pudiera fluir
con la misma velocidad, facilidad y seguridad que una criptomoneda
conocida.

Desde cualquier lugar del mundo, sentados en primera fila y en
primera persona estábamos presenciando y observando con plena
claridad el escenario del nacimiento y dando la bienvenida al Internet
del Valor. A partir de ahora y con este nuevo modelo de tokens, cualquier idea que nos viniera a la mente podía usar esta técnica y patrón
para financiarse de forma cómoda y siempre confiable. Todo esto y
mucho más ofreciendo, por ejemplo, un token que permitiría un
cierto, determinado o tal servicio dentro de la futura aplicación de la
idea o iniciativa en cuestión, por ejemplo.

Los casos que han tomado esta técnica como modelo de uso son
variados y la creatividad simplemente indetenible. Con todos estos
elementos se constituye un conjunto de incentivos que figuran de
manera muy parecida a las acciones, cuanto más exigido sea el
servicio o producto al que se ha vinculado esta nueva criptomoneda o

cuanto más atractivas sean las características propias que tenga la criptomoneda su precio o valor será cada vez mayor debido a la demanda.

Recordemos lo que hablábamos en el capítulo 3 dedicado a Smart Contracts, con un Smart Contract o contrato inteligente pueden interactuar personas, usuarios o empresas, y de igual manera otros Smart Contracts y hasta inclusive máquinas. Es por ello, que basado en tan bondadosos resultados y consecuencias positivas de los Smart Contracts, se crean las ICOs de criptomonedas.

Ya lo pensaste, ¿verdad?, y la respuesta es probablemente un sí. Las mismas máquinas incluso podrían crear y lanzar ICOs de criptomonedas que otras máquinas financiarían entre ellas, todo esto por auto ejecución. Y te repito, estos escenarios son posibles y creíblemente algo totalmente normal en un futuro no muy lejano, gracias a la evolución tecnológica de la red. La inteligencia en la red no descansa.

Ethereum Tokens

Antes de conocer qué son los tokens de Ethereum, refresquemos algunos conceptos que, aunque ya los hemos visto, es oportuno volverlos a revisar.

Ethereum es, como ya lo sabes; una plataforma descentralizada en la cual se ejecutan Smart Contracts o Contratos Inteligentes, con lo cual dejamos en claro que Ethereum no es una criptomoneda. La moneda digital nativa de Ethereum es el Ether. Si alguien vende un vehículo, el vendedor recibirá los fondos respectivos, el comprador recibirá el vehículo y su derecho de propiedad; todos estos pasos de transferencias correspondientes pueden ser bien realizadas por Ethereum, gracias a su sistema de código abierto y otros importantes recursos.

Por otra parte, tenemos los tokens. Se define como token a un "algo" que tiene la cualidad y característica de representar a otra. Dentro de la cadena de bloques o Blockchain, un token suele representar por lo general un valor financiero o un activo digital. Los tokens vienen a ser tal cual las fichas de juego en un casino. Ellas representan dinero fiduciario para poder usarlas en las máquinas de juego y tragamonedas, el cual luego será canjeado por dinero físico.

Ahora, ya hemos recordado y aclarado las dos principales diferencias entre lo que es Ethereum y tokens, además debemos agregar que ambos son simplemente activos digitales que se crean al cierre de una cadena de bloques o Blockchain. Por otro lado, los tokens están prestos a cumplir la gran labor de fortalecer el ecosistema impulsando de la mejor manera la demanda de Ether, como ya se ha mencionado; la moneda nativa de Ethereum.

El token de Ethereum, al igual todos los sistemas y elementos que constituyen la red, tiene su identidad, y es ERC20, así que hablar de token ERC20 o simplemente ERC20, ya te debe sonar conocido.

Token ERC20

Las siglas en inglés ERC significan (Ethereum Requests for Comments) o Solicitud de Comentarios para Ethereum, mientras que el número 20 nos viene de la EIP (Ethereum Improvement Proposal), o Propuesta de Mejora de Ethereum, que es lugar donde se describe. Entonces, ERC20 es una interfaz estándar encargada de garantizar la interoperabilidad entre cada uno de los token.

Ahora bien, los tokens ERC20 son un subconjunto de tokens de Ethereum que se ajustan y complementan para cumplir con ciertos y determinados parámetros. Para desempeñar apropiadamente sus funciones como ERC20, sus desarrolladores le deberán establecer en su conformación, un conjunto específico de funciones establecidas en su Smart Contract que, a un nivel de alta gama, le dará autoridad para cumplir con las siguientes acciones:

- Obtener el suministro total de tokens
- Obtener el saldo de la cuenta
- Transferir el token
- Aprobar el gasto del token

Gracias a las funciones asignadas a la interfaz ERC20, los Smart Contracts y las DApps en la Blockchain de Ethereum; goza de una interacción perfecta con ellos. Además, los tokens con algunas de las funciones estándar (no todas), se les considera limitadamente relacionados con ERC20 y aun así podrían interactuar según restricción de sus propias funciones.

En líneas generales, un token ERC20 no representa en sí muchas diferencias con cualquier otro token, sino que también se ajusta al token estándar de Ethereum.

Ethereum necesita de un token estándar

Si todos los tokens que hasta la fecha han sido creados dentro de la misma red Ethereum utilizaran el mismo estándar, el intercambio de estos sería sencillamente fácil y tendrían la facultad de trabajar y ejecutarse de manera inmediata con DApps compatibles con el uso de la interfaz estándar ERC20.

Un token se cataloga de estandarizado cuando utiliza un determinado conjunto o número específico de funciones. Conociendo anticipadamente cómo será el funcionamiento de un token, sus desarrolladores podrán integrarlo en sus proyectos con la seguridad de que este funcionará apropiadamente y sin ningún tipo de temor a cometer errores. Si un conjunto de tokens presentan el mismo comportamiento, llamando exactamente a las mismas funciones, entonces una DApp podrá interactuar mucho más fácil con distintas sub monedas.

A la par que Bitcoin y Ether, los tokens ERC20 de Ethereum pueden ser rastreados en la Blockchain, el libro mayor de registro público de todas y cada una de las transacciones y operaciones producidas. Esto es posible, ya que los tokens de Ethereum representan un tipo único y específico de Smart Contract o contrato inteligente que habita en la Blockchain de Ethereum.

Actualmente el número de proyectos apalancados en la Blockchain de Ethereum es cada vez mayor como también lo son en el estándar de la interfaz ERC20 para la emisión de fichas para operar sus respectivas plataformas. Las probabilidades de que este mercado continúe en franco crecimiento con novedosas y efectivas aplicaciones diseñadas a cumplir funciones determinantes para poder interactuar entre sí, están a la orden del día. Y todas las plataformas se proyectan hacia esa meta.

SEIS

ETHEREUM 2.0, EL FUTURO DE ETHEREUM

Después de varios años, el tan esperado Ethereum 2.0 finalmente está aquí. La comunidad criptográfica celebró con alegría lo que muy pronto será la nueva red y ETH ahora ha vuelto a su ATH. Pero, ¿qué es Ethereum 2.0 y por qué es importante?

Ethereum fue un gran éxito en 2015. Vitálik Buterin y su equipo han introducido un ecosistema de contrato inteligente revolucionario en la industria Blockchain, que pronto se convirtió en un universo propio dentro del mercado de las criptomonedas.

Todos los desarrolladores querían crear una aplicación descentralizada en Ethereum, y la única forma de hacerlo era mediante el Crowdfunding a través de ventas de tokens. Casi instantáneamente, las Ofertas Iniciales de Monedas (ICO) comenzaron una locura de inversión que catapultó a las criptomonedas a nuevas alturas.

Los veteranos de las criptomonedas han disfrutado mucho de este período. Pero incluso en 2015, sabían que Ethereum aún tenía un largo camino por recorrer antes de alcanzar su máximo potencial. Una cadena de bloques dedicada tanto a los contratos inteligentes como a las DApps solo puede servir a un número determinado de usuarios y, en un momento dado, llegará a un cuello de botella que obstaculizará todo el crecimiento futuro.

Para deshacerse de esta limitación, la Fundación Ethereum anunció que planea migrar de Prueba de trabajo a Prueba de participación. La nueva actualización de la red redefine la forma en que los nodos validan los bloques y, al mismo tiempo, lleva la escalabilidad a un nivel sin precedentes.

¿QUÉ ES ETHEREUM 2.0?

YA SABES TODO SOBRE ETHEREUM, pero ¿qué pasa con Ethereum 2.0? Los detalles técnicos pueden ser un poco complicados, pero la misión de la nueva red es bastante sencilla.

Ethereum 2.0 se basa en PoS (Proof-of-Stake), un mecanismo de consenso en el que los nodos validan transacciones y bloques apostando tokens. En este caso, cualquiera puede participar en la red y ejecutar un nodo depositando y bloqueando 32 ETH.

Cada nodo tiene la posibilidad de ser seleccionado por la red, lo que le da derecho a proponer un bloque. Si bien el proceso es un poco aleatorio en comparación con la Prueba de trabajo, los usuarios que tienen una mayor cantidad de activos aún tienen una mayor probabilidad de ganar. Si el nodo completa con éxito la tarea, el propietario del nodo gana dinero tanto por proponer el bloqueo como por verificarlo.

Los desarrolladores han pasado años tratando de descubrir cómo implementar la Prueba de participación de una manera práctica. El equipo de Ethereum creó y raspó mapas de ruta de forma regular, lo que los dejó con una mala reputación que todavía los persigue hasta el día de hoy.

Sin embargo, las cosas habían cambiado para mejor en 2019 cuando la Fundación Ethereum finalmente descubrió una solución que funciona. No solo tuvieron que pensar en cómo crear Ethereum 2.0, sino que también tuvieron que idear un plan de cómo lanzar la nueva red sin matar a la anterior.

Ethereum 2.0 vs. Ethereum

EN LA ACTUALIDAD nos encontramos en la era de Ethereum 1.0 y la plataforma se ha convertido en la poseedora indiscutible de una segunda posición que mantiene y ocupa a discreción, siempre bajo la sombra de Bitcoin, situación que se pretende cambiar, tratando de darle a Ethereum todos los elementos que la impulsen a convertirse una referencia mucho más influyente tras una futura nueva versión.

El Ethereum que conocemos es el que en esencia minamos, pero se acerca una nueva versión Ethereum 2.0, la cual suena más a la que se aproxima, Ethereum 1.5 la cual no ha generado el revuelo que ya nos tiene en el ambiente la posibilidad de acabar con la minería de Ethereum a muy corto plazo.

El propósito de Ethereum 2.0 "Serenity" la futura nueva interacción de la plataforma junto a su moneda nativa, el Ether. Esta nueva versión renacerá con una cadena de bloques o Blockchain renovada mejorando la eficiencia integral del sistema, el número de transacciones por segundo para pagos, la escalabilidad y la desaparición de su mayor encanto: La minería de bloques de Ethereum con GPUs.

Bien cabe destacar que Ethereum no es la única criptomoneda de la red que lucha por vencer la escalabilidad, todas lo hacen aplicando cada cual sus propias estrategias. Ethereum ha preparado un terreno de impacto con su versión 2.0, lo cual hace lucir un futuro incierto para la plataforma, sus componentes y en especial para la comunidad. Muchos inclusive se preguntan si existirán dos Ether con valores distintos. Así, cualquier cantidad de inquietudes.

La versión Ethereum 2.0 Serenity se encuentra todavía en plena fase de desarrollo y por ende no se nos ha anunciado aún una fecha precisa ni aproximada de lanzamiento, sin embargo, fluye suficiente información sobre esta nueva versión, como para transmitirla desde ya e ir conociendo poco a poco sobre el tema.

Digamos que la diferencia principal entre Ethereum 1.0 y Ethereum 2.0 se encuentra o radica en su mecanismo de consenso, el cual le permite añadir o incorporar nuevos bloques a la cadena de bloques o Blockchain. Mientras que en la versión 1.0 se utiliza una prueba de trabajo (Proof of Work, PoW), en la futura versión se usará una Prueba de Participación (Proof of Stake, PoS).

Los programadores responsables de esta modificación y de la renovada cadena de bloques también destacan y resaltan que el tema de la seguridad también será avizora como punto vital y será mucho mayor. Ethereum 2.0 exige que exista un mínimo de 16.384 validadores de cada operación o transacción, un número más elevado que muchas otras redes PoS. La descentralización es también mucho mayor, y apariencia también lo es la seguridad lograda con esta nueva propuesta, aunque también tiene sus dudas sobre potenciales problemas y conflictos de interés por resolver.

Por los momentos el clima que gira en torno a la versión Ethereum 2.0 se presenta optimista y prometedor para sus desarrolladores, lleno de expectativas efectivas y muy positivas, pero que aún está en pleno desarrollo. De hecho, se han planteado distintas fases para llegar a un Ethereum 2.0 totalmente firme y garantizado:

Fase 0:

Se implementa el nuevo BeaconChain para almacenar y gestionar el registro de validadores y el mecanismo de consenso PoS. Por el momento la cadena de bloques original PoW de Ethereum 1.0 se mantendrá activa para que exista la continuidad de datos.

Fase 1:

Para el año 2021 se estima que se llegue a una etapa nueva en la red y comience a desplegarse, inicialmente con 64 veces la capacidad y transacciones por segundo de la red actual. Posteriormente y se espera que también sea para el año 2021, la red se haga completamente efectiva y se realice la transición definitiva del consenso PoS.

Fase 1.5:

Una actualización provisional prevista para el año 2021 como su fecha probable, la MainNet de Ethereum se convertirá oficialmente en un fragmento de la Blockchain y pasará a Prueba de Participación (PoS).

Fase 2:

Para finales del año 2021 o tal vez ya en el año 2022 se estima que la nueva cadena de bloques sea totalmente funcional y compatible con los Smart Contracts. Eso hará posible incluir cuentas Ether y facultar tanto transferencias como retiros de criptodivisas.

El futuro para Ethereum 2.0 es por lo tanto bastante prometedor para una cadena de bloques que como se ha dicho recién acaba de nacer y aún necesita completar un periodo de transición que tendrá una duración estimada de más de un año. Los expertos consideran que estos cambios harán que el valor de Ether y Ethereum se vea indiscutiblemente impulsado.

Ya veremos si en efecto lo hace y si esta plataforma se logra convertir en un referente mucho más palpable, en un segmento que últimamente vuelva a generar muchas nuevas noticias.

Con lo que vamos viendo, este ha sido un camino bastante largo, pero finalmente Ethereum 2.0 está en estos momentos muy cerca de ser una realidad como tal. La actualización principal tiene como objetivo básico, abordar la escalabilidad y la seguridad de la red mediante una serie de cambios en su infraestructura, particularmente; el paso de un mecanismo de consenso de prueba de trabajo a un modelo de prueba de participación.

En este aspecto debemos saber qué diferencias hay o existen entre la PoW (Proof-Of-Work) y PoS (Proof-Of-Stake).

En la actualidad y como ya se dijo antes, nos encontramos en la versión Ethereum 1.0 la cual utiliza un mecanismo de consenso conocido como Prueba de Trabajo (PoW), mientras Ethereum 2.0 utilizará un mecanismo de consenso conocido como Prueba de Participación (PoS).

Con Blockchains como Ethereum, es imprescindible validar las transacciones de manera descentralizada. Para ello Ethereum, al igual que otras criptomonedas de las miles que existen, utiliza actualmente el mecanismo de consenso ya mencionado y conocido como Prueba de Trabajo (PoW).

En este mismo sistema operativo, con el propósito de dar solución y resolver complejos rompecabezas matemáticos, los mineros se apoyan en la potencia generada por el procesamiento del hardware informático y así verificar nuevas operaciones y transacciones. El primer minero en resolver un rompecabezas agrega una nueva transacción al registro del total de todas las transacciones que componen la Blockchain. Luego los mineros son incentivados con tokens. Todo un proceso que, sin lugar a ninguna, consume muchísima energía.

La Prueba de Participación (PoS) ofrece una gran diferencia basada en que, en lugar de los mineros, los validadores de las operaciones o transacciones depositan criptomonedas a cambio de recibir el derecho a verificar una transacción. Este grupo de validadores es seleccionado para proponer un bloque basado en el número de criptomonedas que poseen, y en el tiempo que las ha mantenido encerradas.

Otro grupo de validadores puede entonces certificar que han visto un bloque. Habiendo entonces suficientes testimoniales, se podrá añadir un nuevo bloque a la cadena de bloques. Los validadores entonces serán recompensados por la proposición de bloque exitosa. Este proceso se conoce con el nombre de "forjar" o "acuñar".

La principal y más relevante ventaja de la PoS es que resulta mucho más eficiente en términos de energía que la PoW, ya que descompone el proceso informático de alta energía del algoritmo de consenso. También significa que no se necesita alta potencia de cálculo para asegurar la Blockchain.

Todo ello apunta a que Ethereum 2.0 podría escalar mucho mejor que la actual Ethereum 1.0, siendo la escalabilidad una de las principales razones impulsoras para tal actualización. Con Ethereum 1.0 la red puede soportar efectivamente un total de 30 transacciones por segundo, pero ocasiona fuertes congestiones y grandes inconvenientes. Por su parte Ethereum 2.0 ofrece la posibilidad de 100.000 transacciones por segundo, aumento considerable que se logrará mediante la fragmentación o "sharing" de la cadena.

La configuración actual de Ethereum 1.0 tiene una cadena de bloques que consiste en una sola cadena con bloques consecutivos. Una estructura segura, pero muy lenta y no del todo eficiente. Con la introducción de la fragmentación de cadena "sharing", esta Blockchain se divide, permitiendo que las transacciones se manejen en cadenas paralelas en lugar de consecutivas. Esto acelerará la red, y se podrá escalar más fácilmente.

Ethereum 2.0 ha sido diseñado con la seguridad en mente como elemento clave. La mayoría de las redes de PoS, tienen un conjunto muy pequeño de validadores, lo que hace que el sistema sea más centralizado y que a su vez la seguridad de la red disminuya. Por su parte Ethereum 2.0 requiere un mínimo de 16.384 validadores, lo que lo hace mucho más descentralizado y por lo tanto con mayor respaldo en lo que a seguridad se refiere.

Las auditorías de la seguridad del código Ethereum 2.0 están siendo llevadas a cabo por un grupo de organizaciones como la empresa de seguridad de cadenas de bloques Least Authority.

Por su parte, la Fundación Ethereum está creando un equipo multidisciplinario de seguridad dedicado a Ethereum 2.0 para investigar lo que serían posibles problemas de seguridad cibernética en la criptomoneda. En un tweet, el investigador de Ethereum 2.0, Justin Drake, declaró que la investigación incluye "fuzzing, caza de recompensas, servicio de buscapersonas, modelado criptoeconómico, criptoanálisis aplicado, verificación formal".

La actualización a Ethereum 2.0

Ethereum 2.0 está transitando el camino para su lanzamiento, según un desarrollador del proyecto, pero ¿qué le deparará el futuro a tan ambicioso proyecto?

A través de una publicación en su red social de Twitter, @Vitalik.ETH El cofundador del Ethereum, Vitálik Buterin, trazó el routing que detalla cómo los próximos cinco a diez años podrían resultar para el Ethereum 2.0. Expresa que en los últimos dos años ha registrado un "sólido cambio desde la investigación del blue sky", tratando de comprender lo que es posible, a la investigación y desarrollo concretos, buscando así de optimizar primitivos específicos que sabemos que son implementables y ponerlos en práctica".

También que la parte más exigente de los desafíos ahora "se centra cada vez más en el desarrollo, y la parte del desarrollo solo seguirá creciendo con el tiempo".

El pasado mes de junio del año 2020, Buterin señaló que Ethereum 2.0 tendrá que depender de los métodos de escalado actuales, como los ZK Rollups, durante al menos dos años antes de efectuar la segmentación de cadenas.

Impacto en el mercado tras el lanzamiento de Ethereum 2.0

Lo primero y principal es que los tokens ETH y ERC-20 de Ethereum están seguros y garantizados. La nueva actualización solo realizará una revisión a la red Blockchain de Ethereum, dejando intactos sus componentes criptográficos. Desde luego, los usuarios esperar con plena seguridad un impacto en los precios del mercado.

En la justa medida que la red vaya mejorando, la demanda de ETH podrá experimentar un aumento garantizado, situación que lo lleva a un crecimiento de su valor. Obviamente, que esto dependerá de si la transición se desarrolla sin mayores inconvenientes y contratiempos. Si bien es y está estadísticamente improbable que ocurra, una falla de proporciones épicas puede considerar a Ethereum inviable.

También se cree que Ethereum 2.0 dará un impulso sustancial al mercado DeFi a nuevas alturas. Dichos proyectos requieren de una infraestructura de cadena de bloques confiable, escalable, descentralizada y 100% segura. Con la actualización, la Blockchain Ethereum quizás se considerará una opción ideal.

Las aplicaciones descentralizadas DApps, también obtendrán acceso a puntos de referencia de rendimiento con relevantes mejoras. Aunque se pueden producir ligeras interrupciones, la compatibilidad con Ethereum 2.0 ya es un hecho y está garantizada.

Etapa "SERENITY", la versión 2.0 de Ethereum

Ethereum 2.0, también conocido como Serenity, se promociona como una versión mejorada de Ethereum. Gracias al algoritmo PoS (Proof-Of-Stake), será más escalable y flexible. Aun así, la Fundación Ethereum no quiere comprometer la descentralización para lograr un mayor potencial de escalabilidad. Así, la nueva plataforma tiene como objetivo encontrar el equilibrio ideal entre los dos.

Para lograr esto, Ethereum 2.0 implementará una arquitectura única llamada fragmentación, que se refiere a una red de canales paralelos que trabajan juntos. Cada fragmento tendrá su propio conjunto de saldos de cuenta y contratos inteligentes. El método para lograr la máxima descentralización se implementará en la fase final de la actualización.

En los primeros años, Ethereum hizo un gran trabajo al manejar las transacciones de millones de usuarios y la liquidación inteligente de contratos. Sin embargo, la demanda de servicios Ethereum se ha expandido significativamente en la red, lo que resulta en una congestión inevitable.

Para comprender cuán vital es Ethereum, intente pensar en el hecho de que el 96% de todos los proyectos DeFi se ejecutan específicamente en su plataforma. Y con más de 850,000 usuarios únicos de DeFi en la plataforma y más de un millón de usuarios de billetera Ethereum, está claro que la red Ethereum está en una situación desesperada de actualización.

La alta demanda también resultó en un aumento de las tarifas en Ethereum, que aumentaron aproximadamente un 600% de agosto a septiembre de 2020. Al final, la necesidad de escalabilidad obligó a Ethereum a adoptar PoS (Proof-Of-Stake) en lugar del PoW (Proof-Of-Work) actual. Por lo tanto, aquí está el Ethereum 2.0.

Esta es la revisión más ambiciosa que hasta la fecha se haya hecho de la red y supone las más grandes mejoras en casi todos sus aspectos. Los principales puntos débiles que atacaría esta revisión serían:

Escalabilidad

Con plena seguridad y muy posiblemente el mayor reto que afronta Ethereum al día de hoy. Incorporar nuevos nodos a la red, no aumenta la capacidad de procesamiento de transacciones, puesto que cada nodo va a verificar cada transacción. El incremento del uso de la red Ethereum ha llevado a ritmo acompasado un crecimiento continuo en el tiempo y en el coste de ejecución de operaciones y demás transacciones.

La aproximación a la solución de estos problemas y resolución de conflictos se llevaría a cabo desde dos frentes: la fragmentación, en la cual la cadena sería divida en fragmentos más manejables y las soluciones Off-Chain (Cadenas Laterales), muy similares a lo que puede ser la Lightning Network de Bitcoin.

Velocidad y usabilidad

Aspecto estrechamente relacionado con el anterior, aunque no son para nada lo mismo. Se refiere al cuello de botella que introduce la propia Ethereum Virtual Machine EVM (Máquina Virtual de Ethereum), que es la encargada de ejecutar y procesar el código desplegado sobre la red y mantener el estado de la misma. También es la responsable de mantener todos los metadatos de la red (número de bloque y almacenamiento entre otros), información de las cuentas y de la ejecución de los Smart Contracts desplegados en la red.

Estar inmerso en todos estos aspectos fundamentales de la red, convierte a la Ethereum Virtual Machine EVM (Máquina Virtual de Ethereum) en un cuello de botella fundamental en el funcionamiento general de la red. En miras a mejorar esta respuesta, se está trabajando en una solución llamada Ethereum-WASM, en la cual se definirá un conjunto nuevo de instrucciones, buscando de esta forma una mejora en la velocidad, seguridad y rendimiento global de la red.

PROBLEMAS QUE SOLUCIONA Ethereum 2.0 y por qué es tan importante

Soluciones de Ethereum 2.0

Todo cambio consciente es producto de una idea que busca innovaciones y mejoras en todos los aspectos, producto siempre de una necesidad bien sea por alguna debilidad, fortaleza u oportunidad.

Al caso de Ethereum le podríamos asignar estos tres aspectos sin necesidad de ser obligatoriamente programadores, desarrolladores o validadores, incluso; mineros. Y esto por el hecho de estar de cerca frente a estas redes que, de manera autodidacta o profesional, buscamos conocer. Veamos solo un ejemplo por característica, te invitamos a compartir los que consideres de tu parte.

Cambio por debilidad: Escalabilidad.

● La versión de Ethereum 1.0 tiene la capacidad de soportar 30 transacciones por segundo.

● La versión Ethereum 2.0 ofrece la posibilidad de soportar 100.000 transacciones por segundo.

Cambio por Fortaleza: Conocimiento.

La plataforma Ethereum cuenta con un equipo multidisciplinario de expertos, profesionales, programadores y desarrolladores entre muchos otros talentos con sólidos conocimientos computacionales; que dedican tiempo y esfuerzo para brindar sus mejores aportes a hacer de Ethereum una red que permita satisfacer las necesidades de sus usuarios y comunidad a nivel global en general.

Cambio por Oportunidad: Seguridad.

Ethereum 2.0 busca transformarse en la medida de lo posible, como la plataforma más segura de la red; por lo cual han dejado esta gran responsabilidad en manos de Least Authority, empresa auditora, especialista en el área de seguridad en cadenas de bloques.

Algunas de las principales soluciones que Ethereum 2.0 traerá consigo:

El Proof-of-Work (PoW), como Beacon y Casper; cambiar la manera de cómo crear ETH y de asegurar el sistema.

El Sharding por lo general suele dividir una gran cantidad de base de datos en partes menores y manejables. Esto será aplicado a Ethereum y abordará problemas actuales como la escalabilidad y la velocidad de transacciones, impidiendo así que una DApp pueda desacelerar la red.

eWASM hará que el código se ejecute con más rapidez, de esta forma, las opciones y capacidades de codificación de la Máquina Virtual de Ethereum Virtual Machine (EVM) aumentan.

El plasma es una capa más que se encuentra ubicada en la parte superior de la red y está en capacidad plena de manejar grandes cantidades de transacciones. Se podría comparar incluso, con la Lightening Network de Bitcoin para Ethereum.

Raiden, similar a plasma, es una oportuna solución más de escalado fuera de la cadena. Por lo que podría apreciarse como una imitación de Lightning Network de Bitcoin.

Algunas diferencias entre PoS (Proff-Of-Stake) y PoW (Proof-Of-Work)

El concepto detrás de los mecanismos de consenso de Prueba de participación y Prueba de trabajo se reduce a cómo los participantes de la red, llamados nodos, están validando transacciones en sus respectivas cadenas de bloques y manteniendo el estado normal de la plataforma.

PoW (Proof-Of-Work), que fue introducido por primera vez por Bitcoin en 2008 (de hecho, el concepto de PoW se desarrolló mucho antes que Bitcoin), los nodos pueden convertirse en los llamados mineros para validar nuevas transacciones del Mempool resolviendo complejos acertijos matemáticos. Los participantes deben dedicar poder de cómputo para ganar la competencia y obtener el derecho a validar el siguiente bloque. A cambio de su esfuerzo, los mineros reciben una recompensa en forma de Bitcoin o criptomonedas recién generadas que utilizan el consenso de PoW (Proof-Of-Work).

PoS (Proof-Of-Stake) llegó más tarde como una alternativa a PoW (Proof-Of-Work), ya que intentaba resolver los principales problemas de Bitcoin relacionados con la escalabilidad y el consumo de energía, entre otros.

A diferencia de la cadena de bloques de PoW (Proof-Of-Work), las redes de PoS (Proof-Of-Stake) no involucran mineros, ya que la mayoría de estos proyectos se lanzan con tokens previamente extraídos. La validación de nuevos bloques en sistemas PoS se conoce como se "forja". Mientras que los validadores son los nodos que participan en la creación del bloque.

Entonces, para convertirse en un validador, los nodos deben bloquear una parte del token nativo. Por lo general, cuantas más fichas apuesten, mayor será la posibilidad de convertirse en el próximo validador. El mismo enfoque se aplicará en la próxima actualización de Ethereum 2.0.

No olvidemos que Ethereum 2.0 es una actualización de la red Ethereum esperada desde hace ya un tiempo, una versión que promete significativas mejoras en la funcionalidad y experiencia de red en su conjunto, y que entre sus mejoras más notables destacan la transición a Proof-Of-Stake (PoS), "shard chains" y una nueva Blockchain en la base que será o es denominada como "Beacon Chain".

Está previsto que todo este acontecimiento y mucho más se despliegue de manera gradual mediante una hoja de ruta cuidadosamente planificada, de hecho; publicada por el mismo Vitálik Buterin en su cuenta oficial de Twitter, @Vitalik.ETH, utilizando la etiqueta #ETH2

Se están construyendo nuevos proyectos fascinantes en Ethereum: micro redes, estaciones de carga para vehículos eléctricos, criptocoleccionables, hipotecas de viviendas, registros de atención médica, redes de votación y mucho más.

Todas estas alternativas son posibles gracias a la Ethereum Virtual Machine Máquina Virtual Ethereum (EVM). Una supercomputadora inteligente desarrollado con total dedicación, tras un proceso de programación de alto nivel. La computadora no es física, como su nombre lo indica. Se distribuye como software en la cadena de bloques Ethereum y los desarrolladores pueden acceder a él (software) libremente.

La Ethereum Virtual Machine Máquina Virtual Ethereum (EVM) es más inteligente que cualquier computadora promedio porque desarrolla lo que también conocemos "Turing completo". El reconocido lenguaje de programación de Turing completo es teóricamente capaz de expresar todas y cada una de las tareas que pueden realizar las computadoras como las conocemos.

Las implicaciones de esto son asombrosas. Ethereum Virtual Machine Máquina Virtual Ethereum (EVM) utiliza su lenguaje de programación nativo llamado Solidity, que es capaz de ejecutar cualquier tipo de script. Las computadoras "normales" solo son capaces de ejecutar los scripts codificados por los fabricantes de las mismas.

La importancia de Ethereum se ve ensombrecida por sus acciones de precios, y es probable que en el futuro nos sorprendamos de cuánto se puede hacer con él. Es como el comienzo de Internet, donde la gente realmente no sabía en qué se convertiría.

De la misma manera, Ethereum es la Internet del dinero, donde todo es transparente y está abierto para todos, una oportunidad de "ser y hacer más de lo que se es", Louis Walls.

Ethereum llegó para quedarse, y se espera que la tan esperada actualización a Ethereum 2.0 mitigue aún más los desafíos de escalabilidad y oriente la plataforma hacia la adopción masiva, impulsando las finanzas descentralizadas y su potencial para la inclusión financiera.

La BeaconChain

Con las cadenas de fragmentos trabajando en forma paralela, algo debe asegurarse; y es que todos permanezcan sincronizados entre sí. La BeaconChain se encarga de dicha sincronización y proporcionar consenso a todas las cadenas de fragmentos que se ejecutan en paralelo.

La BeaconChain es una nueva Blockchain que desempeña un papel central en Ethereum 2.0. Sin ella, el intercambio de información entre fragmentos no podría ser posible y la escalabilidad sería inexistente. Por esta razón, se ha dicho que será la primera característica enviada en el camino hacia Ethereum 2.0. Pero esto es sólo la punta del iceberg, como se dice.

Dado que Ethereum es una de las criptomonedas más populares del mundo, existe una serie de detalles muy importantes respecto a lo que Ethereum 2.0 verdaderamente representa y el impacto que tendrá en el "cripto-verso" y todo su conjunto.

Como ya sabemos Ethereum 2.0 es una actualización importante de la red Ethereum por varias razones, principal y especialmente cuando se trata de escalabilidad. Sin las nuevas características de Proof-Of-Work (PoS), cadenas de fragmentos y la BeaconChain, Ethereum podría eventualmente volverse insostenible y dejaría de ser la plataforma líder en Smart Contracts contratos inteligentes en el ecosistema criptográfico global.

La implementación y ejecución de Eth2 llevará algún tiempo, el que sea necesario e incluso pudiese tardar más de lo esperado. La buena noticia es que ya está en marcha y sus propios desarrolladores de Ethereum están dedicados a llevarlo a cabo con todo empeño.

¿Qué hará la BeaconChain?

Piense en BeaconChain como un gran faro que se eleva sobre un mar azul de datos de transacciones. Está constantemente escaneando, validando, recolectando votos y repartiendo recompensas a los validadores que certifican correctamente los bloqueos, deduciendo recompensas para aquellos que no están en línea y recortando el ETH de los actores maliciosos.

Aún puede enviar ETH a un amigo, intercambiar tokens en MetaMask o Uniswap, jugar con sus Axies, crear NFT en Mintbase y producir una granja en su protocolo DeFi favorito. Ethereum, tal como lo conoce, todavía está activo y es completamente funcional, y seguirá siéndolo hasta que se fusione con la nueva cadena de bloques Eth2 y se convierta en un fragmento separado. Mientras tanto, se está construyendo una nueva estructura masiva junto con Ethereum.

El núcleo de esta estructura es la BeaconChain, que reforma el modelo de consenso de Prueba de trabajo a Prueba de participación. La Cadena de Balizas ahora está viva, y en el momento de escribir este artículo, 20 épocas (una época tiene 6,4 minutos de duración, y cada época contiene 32 validadores asignados al azar para proponer un bloque en cada espacio)

La BeaconChain es el mecanismo de coordinación de la nueva red, responsable de crear nuevos bloques, asegurarse de que esos nuevos bloques sean válidos y recompensar a los validadores con ETH por mantener la red segura. Proof of Stake ha sido durante mucho tiempo parte de la hoja de ruta de Ethereum y aborda algunas de las debilidades de las cadenas de bloques de Prueba de trabajo, como la accesibilidad, la centralización y la escalabilidad.

En lugar de que los mineros gasten energía para validar bloques, los validadores seleccionados al azar (cada uno con su participación de 32 ETH) proponen nuevos bloques, que son votados por otros validadores. Cada bloque incluye una fuente de aleatoriedad, que se mezcla con los demás datos aleatorios de la época.

La BeaconChain es la base del futuro de Ethereum. Implementa la Prueba de participación en lugar de la Prueba de trabajo como su mecanismo de gobierno, y respalda la escalabilidad y la seguridad para mantener Ethereum en los próximos años.

Esto es lo que se puso en marcha el 1 de diciembre. Fue llamado "prueba de participación". Es nuestra demostración de gran valor que asegurar una red global, distribuida masivamente y sin permisos de esta manera es práctico y efectivo. BeaconChain todavía no hace mucho más que ejecutarse por sí misma, y llegaremos a eso, pero, no obstante, es el producto más desafiante del proyecto Ethereum 2.0.

La BeaconChain ya empequeñece cualquier otro sistema de Prueba de Estaca. Más de dos millones de ETH, por un valor de $ 1.5 mil millones, se han comprometido con el contrato de depósito. Esto representa más de cuarenta y seis mil validadores activos actualmente, con otros veinte mil en una cola de tres semanas para ingresar. Y las tasas de depósito no muestran signos de desaceleración. No pasarán muchos días hasta que el 2% del suministro total de ETH esté bloqueado en el contrato de depósito. Este es un inmenso voto de confianza de 4.000 depositantes únicos y miles más que realizaron depósitos a través de servicios de participación.

Hasta ahora, la confianza de los apostadores ha estado bien puesta. Todavía es temprano, pero BeaconChain ha funcionado sin problemas hasta la fecha, con alrededor del 99% de participación (una métrica clave del estado de la red) y ni un solo problema o incidente.

Cientos de personas participaron en el diseño y la construcción de BeaconChain durante los últimos dos años y medio. Ha sido un proyecto comunitario masivamente abierto, liderado por la Fundación Ethereum, implementado por equipos de desarrollo de clientes y apoyado por un enorme y variado grupo de colaboradores.

Ethereum 2.0 ¿Fin de la minería?

Es la pregunta que muchos se formulan y se continúan haciendo. Hace ya tiempo que se viene proyectando que las criptodivisas, en el modelo actual, son insostenibles, y Ethereum 2.0 es una confirmación más de ello, y que es necesario, además de inminente un cambio en el modelo utilizado para la gestión de las cadenas de bloques Blockchains, un elemento clave y principal de las mismas y del nuevo patrón económico que ha surgido de la mano de las finchech, pero que también está siendo asociado a los procesos de las entidades financieras y mercantiles tradicionales.

La dificultad que muchos estamos considerando, y sobre la cual llevamos mucho tiempo escuchando y hablando, es de la capacidad de proceso, y el consecuente consumo de energía, que ya es necesario para minar monedas virtuales.

Y es que si hace diez años el minado de divisa estaba al alcance de la inmensa mayoría, la creciente complejidad de los bloques a minar se ha venido incrementando sustancialmente, y con él la capacidad de proceso necesaria para tal fin. Y, adicionalmente, disparando el precio del hardware que, como las tarjetas gráficas, son especialmente útiles para este fin. Ethereum 2.0 va a suponer un gran cambio a este respecto.

La clave de Ethereum 2.0 es que a diferencia de su versión 1.0, y del mismo modo que lo hacen otras muchas criptomonedas, cambia el sistema de consensos ya mencionados. Un cambio con el que se producirán varias mejoras en el funcionamiento de esta moneda, mejorando el volumen de transacciones que podrá soportar la red de manera simultánea, además de mejorar la seguridad de las transacciones gracias a la auditoría de seguridad y el incremento de validadores y, según sus creadores, un importante crecimiento en su valor.

Uno de los aspectos mencionados por sus creadores, es la eficiencia que traerá Ethereum 2.0, una eficiencia de cara a las operaciones, claro, pero que también tiene que ver con el modo en el que se obtienen nuevas monedas. Y es que el modelo de prueba de trabajo no requiere que los usuarios realicen, con su hardware, las complejas operaciones necesarias para validar operaciones, proceso en el que obtienen las criptomonedas.

En su lugar, y con este nuevo modelo, son los validadores de transacciones los responsables de concluir si un bloque es válido o no, proceso para el cual se empleará una red descentralizada de no menos de 16,384 validadores.

La criptomoneda que obtiene el usuario como recompensa por ser el primero en validar un bloque desaparece con este modelo, y la ventaja adicional es que el funcionamiento del modelo de prueba de participación no solo es distribuido, sino que es mucho más eficiente en lo referido a consumo de recursos y, por lo tanto, de energía, por lo que extiende su sostenibilidad a medio y largo plazo.

Ethereum 2.0, con este cambio de modelo, da un paso que, tarde o temprano, seguramente veremos también en otras criptomonedas como Bitcoin. Y, relacionado con lo anterior, esto también puede acabar con el negocio especulativo que se ha generado alrededor de las tarjetas gráficas, muy codiciadas por los mineros de criptomonedas por su capacidad en lo referido a cálculo de coma flotante, algo muy valioso en los procesos de prueba de trabajo.

Cuando finalice la migración a Ethereum 2.0, y más aún cuando otras cibermonedas den este salto, probablemente veremos un incremento notable en la disponibilidad de las tarjetas gráficas de última generación en el mercado.

La transición al algoritmo Prueba de Participación PoS (Proof-Of-Stake), cambiará los enfoques de la minería, por lo que es probable que la mayoría de los mineros abandonen el mercado. Dado que ETH es la moneda más popular para la minería doméstica, el impacto será palpable.

Como resultado, los mineros de ETH tendrán la opción de vender su equipo para comenzar a apostar o cambiar a otras redes y extraer monedas que no planean cambios importantes en sus protocolos. Pero la realidad es que la mayoría de los mineros probablemente se desconectarán y los participantes del mercado restantes comenzarán a apostar sus activos.

En consecuencia, la red abandonará el algoritmo de consenso de prueba de trabajo PoS (Proof-Of-Work), dejando a los mineros de Ether con muy pocas opciones. Dado que su equipo se volverá obsoleto, se verán obligados a comenzar a extraer monedas alternativas o recertificarse como apostadores de ETH

De lo anterior, la relevancia de los mineros para la nueva versión cuando se lance será muy baja. Una pregunta más vital es cuál será la relevancia general de los mineros después.

La aparición de Ethereum 2.0 no inutilizará completamente la versión anterior desde el principio. Ethereum 1.0 seguirá funcionando normalmente, pero esto no socavaría los planes establecidos. La intención de Ethereum 1.0 es convertirse efectivamente en el primer fragmento de Ethereum 2.0 cuando se lance la Fase 1. Hasta entonces, la cadena Ethereum 1.0 continuará como está ahora y se someterá a mejoras para que eventualmente se convierta en un fragmento de Ethereum 2.0.

Estimado lector, las monedas digitales han creado un gran

revuelo desde que los precios de ciertos tipos de criptomonedas subieron repentinamente. Como vemos, esto se ha convertido en una nueva tendencia en el mundo de la inversión por razones reales y justas. Las personas que invirtieron en ellos se han beneficiado de formas inimaginables.

Entendiendo la importancia de las criptomonedas y el manejo seguro del dinero

¿Por qué las criptomonedas han alcanzado tanta popularidad y se encuentran en tendencia dentro de la esfera del mundo criptoactivo?

Es otra pregunta que también muchos nos hacemos, y siempre nos queda la inquietud y ganas de saber un poco más. Compartamos algunos aspectos que basados en la importancia que representan las criptomonedas hoy día, nos aportarán una respuesta de interés.

Una criptomoneda es una moneda digital que utiliza cifrado criptográfico para generar dinero y verificar transacciones. En un término más técnico, es una moneda virtual encriptada de igual a igual formada por códigos y es como cualquier otro medio de cambio como dólares, libras y euros, pero en este aspecto, los intercambios hacen uso de detalles encriptados e intercambio de tokens digitales de manera distribuida y descentralizada, cualidad de gran valor; y estos tokens se pueden negociar a tasas de mercado.

Hasta la invención de la criptomoneda, era imposible que dos partes realizaran transacciones electrónicas sin emplear el servicio de un tercero o un intermediario de confianza. La razón fue el problema del "doble gasto", que afectó a todos los intentos de crear efectivo electrónico desde los albores de Internet.

Estas son las razones por las que las criptomonedas son realmente importantes

● Las criptomonedas son uno de los tipos de moneda digital más seguros y confiables que las personas prefieren hoy en día. En un mundo donde abunda la inseguridad, todos necesitamos comerciar de la manera más confiable posible. Las criptomonedas nos brindan esa seguridad que las convierte en una importante fuente de inversión ahora y también en el futuro.

• Otra razón por la que las criptomonedas se han vuelto extremadamente demandadas es por sus políticas. Realmente no se necesita tratar con un tercero cuando se trata de criptomonedas. Esto le da a la gente una sensación de tranquilidad y seguridad. El hecho de que las criptomonedas sean monedas digitales alivia la necesidad de un tercero. Puede realizar transacciones sin importar dónde se encuentre.

• Las criptomonedas son un medio de transacción de bajo costo. No necesita desembolsar dinero para intercambiar monedas digitales. Todo lo que necesita para poder realizar transacciones es su móvil celular u ordenador y un conocimiento básico de las criptomonedas.

• La mayoría de las monedas digitales tienen que pagar transacciones. En el caso de las criptomonedas, realmente no necesita pagar las transacciones. La razón es que las personas que extraen las criptomonedas, llamados mineros; obtienen su compensación de la propia red.

• Puede almacenar sus criptomonedas en una billetera segura. Las criptomonedas le brindan la opción de almacenar su dinero en dos tipos de billeteras que pueden transferirse fácilmente a su cuenta. Y las billeteras no tienen ningún cargo para poder almacenar sus monedas digitales.

• Para la mayoría de las personas, la privacidad es la máxima prioridad. Al operar con criptomonedas, puede esperar que sus transacciones sean altamente confidenciales. Puede realizar sus transacciones y ser anónimo.

• La cantidad de dinero que desea invertir depende totalmente de que las criptomonedas le den la libertad de comprarlas también en fracciones. Si cree que un Bitcoin o un Ether son demasiado costosos, puede dividirlo y comprar la mitad o un tercio. Esto reduce el costo para usted y no requiere que gaste fuera de los límites. Con un conversor de criptomonedas, puede averiguar el precio de cualquier criptomoneda en la moneda de su país e invertir en consecuencia.

• Dado que los remitentes y destinatarios de las criptomonedas no transfieren dinero directamente a las tarjetas de crédito, no es necesario que comparta sus documentos con terceros. Esto le ayuda a evitar el robo de identidad. Tú decides qué información quieres compartir con el comerciante si algo te hace dudar.

●Obtener la total autonomía que buscas. Cuando se trata de criptomonedas, no hay un tercero involucrado para exigir ninguna tarifa o dinero. Eres la única persona que administra tu cuenta.

SIETE

GENERANDO GANANCIAS PASIVAS CON ETHEREUM Y OTRAS CRIPTOMONEDAS

Como te habrás dado cuenta a lo largo del desarrollo del libro, actualmente hay varias maneras de generar dinero con las criptomonedas, hay muchas oportunidades. Mientras que hay algunas que son mas riesgosas (y dependen de tu habilidad) como el trading, las plataformas DeFi, etc, hay otras que son mas recomendadas y menos riesgosas, como por ejemplo realizar Hodl de una criptomoneda y esperar que su precio suba, si bien este modelo de ganancia es absolutamente pasivo, ya que es una estrategia a largo plazo, tenemos otras estrategias que también podrán ayudarte a generar ingresos pasivos, como lo es la estrategia que te voy a presentar a continuación.

Esta estrategia existe hace muchos años, es muy utilizada por los bancos actualmente, aunque en un mayor porcentaje de ganancia, esto generar interés con tus activos.

En el mundo de las criptomonedas ya existe esta modalidad y esta liderada por una de las empresas mas confiables del ambiente: BlockFi, la cual esta amparada por el exchange Gemini y personas tan reconocidas en el ambiente como Anthony Pompliano.

Block Fi nos permite transferir nuestros fondos a la plataforma y generar un interés anual que va del 6% (para criptomonedas como Bitcoin) o de casi el 10% con stablecoins (que son criptomonedas que están 1 a 1 con el dólar, como lo son el USDT y USDC por nombrar alfgunas)

Si te interesa esta modalidad, puedes abrir una cuenta de BlockFi en el siguiente enlace y ganar $250 de Bitcoin gratis:

Ingresa a BlockFi aquí

En caso de que estes leyendo este libro en la version impresa puedes escanear el siguiente código QR con tu móvil:

OCHO

LO MAS IMPORTANTE A TENER EN CUENTA CON ETHEREUM

Para concluir con este libro, quisiera agradecerte por tomarte el tiempo de leerlo, quería aclarar algunas cosas antes de culminar. Muchas personas han probado incursionar en las Criptomonedas, algunos con éxito otros con resultados moderados, pero todos con resultados en fin, lo importante es que tengas en mente que el mercado de las Criptomonedas es un mercado muy manipulado, es por esto que te recomiendo que siempre prestes atención a los indicadores que puedas ver en TradingView, ve las señales que te envía, continua aprendiendo sobre el trading, si es que te interesa puedes dedicarte a ellos, pero si no puedes dedicarte a hacer HODL (el significado de esto dentro de las Criptomonedas está relacionado con comprar monedas cuando hay una baja importante (por ejemplo si Bitcoin está a $58000 y baja a $36500 ahí es donde compras y vas comprando a medida que baja, nunca cuando sube, a esto se le conoce como Dollar Cost Averaging es una estrategia muy usada en el ambiente del trading) y mantener esas criptomonedas por años hasta que estas dupliquen, tripliquen o cuadrupliquen su valor, no es algo poco común en el ambiente, como bien lo han hecho aquellos *early adopters* que compraron Bitcoin cuando valía $0,006 centavos de dólar, hicieron HODL por 14 años y cuando Bitcoin alcanzó su máximo histórico de $20,000 dólares en 2017 y $60,000 en 2021, vendieron todo y se hicieron millonarios. Pero como siempre, escoge el método que más te guste y síguelo bajo tu propio riesgo.

Por ultimo me gustaría saber tus comentarios para seguir nutriendo este libro y poder ayudar a muchas mas personas, para ellos nos ayudarías dejando una review de este libro, con el objetivo de continuar brindando grandes libros a ustedes, mis lectores, a los cuales aprecio mucho.

ENLACES DE INTERES

Pagina para ver los precios de todas las Criptomonedas: https://coinmarketcap.com/

Obtener Bitcoin:

Obtén Bitcoin Gratis Aquí

Generar intereses de mas del 10% en BLOCKFI con tus criptomonedas aqui:

https://blockfi.com/?ref=76971ae9

Trading en Exchanges:

Abre una cuenta de Binance Aquí

Abre una cuenta de BitMex Aquí

Donde comprar Bitcoin de manera segura:

Compra Bitcoins en Coinbase Aquí

Compra Bitcoin de manera segura en CEX.IO aquí

Compra Bitcoin de manera segura en Changelly aquí

Compra Bitcoin de manera segura en Localbitcoins

Donde guardar tus criptomonedas:

Compra la Trezor Model T Aquí

Compra la Trezor Model ONE Aquí

Compra una Ledger Nano S aquí

Graficas de trading en:
www.TradingView.com

Sin más, me despido
Sebastian Andres

¿QUIERES SEGUIR PROFUNDIZANDO EN TU CONOCIMIENTO?

Si este libro te resulto muy útil, déjame contarte que este libro forma parte de la colección *"Criptomonedas en Español"* en donde queremos trasmitirte toda la educación e información actual en base a las criptomonedas mas cotizadas y conocidas (los libros se irán actualizando cada año a medida de los avances).

- Volumen 1: Bitcoin en Español
- Volumen 2: Ethereum en Español
- Volumen 3: Dogecoin en Español
- Volumen 4: Cardano ADA en Español

www.ingramcontent.com/pod-product-compliance
Lightning Source LLC
Chambersburg PA
CBHW030524210326
41597CB00013B/1026